Frank Jehle

Weihnachten mit Caravaggio

Frank Jehle

Weihnachten mit Caravaggio

Kunst- und Literaturgottesdienste aus St. Gallen

Fromm Verlag

Impressum / Imprint
Bibliografische Information der Deutschen Nationalbibliothek: Die Deutsche Nationalbibliothek verzeichnet diese Publikation in der Deutschen Nationalbibliografie; detaillierte bibliografische Daten sind im Internet über http://dnb.d-nb.de abrufbar.

Bibliographic information published by the Deutsche Nationalbibliothek: The Deutsche Nationalbibliothek lists this publication in the Deutsche Nationalbibliografie; detailed bibliographic data are available in the Internet at http://dnb.d-nb.de.

Verlag / Publisher:
Fromm Verlag
ist ein Imprint der / is a trademark of
OmniScriptum GmbH & Co. KG
Heinrich-Böcking-Str. 6-8, 66121 Saarbrücken, Deutschland / Germany
Email: info@frommverlag.de

Herstellung: siehe letzte Seite /
Printed at: see last page
ISBN: 978-3-8416-0426-2

Vorwort

In den letzten Jahren habe ich gelegentlich mit neuen Gottesdienstformen experimentiert: Die Predigt geht von einem Kunstwerk aus,[1] oder ein Schriftsteller mit seiner persönlichen Botschaft steht im Mittelpunkt, im zweiten Fall ohne eigentliche Predigt. Einige dieser Beispiele wurden für die vorliegende Publikation ausgewählt. Es sind Versuche, vielleicht eine Anregung. Hoffentlich bereiten sie ein Lesevergnügen und führen sie zur Besinnung.[2]

Das Büchlein ist nicht systematisch, sondern assoziativ aufgebaut. Es ist so etwas wie ein Bilderbuch. Man kann darin blättern, bis man an einer Stelle hängen bleibt, und dann zu einer anderen springen. Die Themen sind bunt gemischt.

Teilweise wurden Gebete, Lesungen und Lieder mit aufgenommen, weil sie wesentlich dazu gehören. In anderen Fällen mag die Predigt für sich selber sprechen. Die musikalischen Zwischenspiele – in St. Gallen immer wunderbar – muss man sich selber denken.

Ich wünsche dem Büchlein ein geneigtes Publikum. Über Rückmeldungen würde ich mich freuen.

St. Gallen, 1. November 2013 *Frank Jehle*

[1] In diesem Fall wurden Reproduktionen der Bilder der Gemeinde in die Hand gegeben.
[2] Wer sich für „klassischere“ Predigten von mir interessiert, greife zu meinem Büchlein: Bei offenen Kirchenfenstern. Predigten im Radio und an der Universität. Mit 10 Zeichnungen von Hans Thomann. Zürich: TVZ, 2008.

Inhalt

Weihnachten mit Caravaggio[3]

„Im Anfang war das Wort, der Logos,
und der Logos war bei Gott,
und von Gottes Wesen war der Logos.
Dieser war im Anfang bei Gott.
Alles ist durch ihn geworden,
und ohne ihn ist auch nicht eines geworden,
das geworden ist.
In ihm war Leben,
und das Leben war das Licht der Menschen.
Und das Licht scheint in der Finsternis,
und die Finsternis hat es nicht erfasst.
Es trat ein Mensch auf, von Gott gesandt, sein Name war Johannes.
Dieser kam zum Zeugnis, um Zeugnis abzulegen von dem Licht, damit
alle durch ihn zum Glauben kämen.
Nicht er war das Licht, sondern Zeugnis sollte er ablegen von dem Licht.
Er war das wahre Licht,
das jeden Menschen erleuchtet, der zur Welt kommt.
Er war in der Welt,
und die Welt ist durch ihn geworden,
und die Welt hat ihn nicht erkannt.
Er kam in das Seine,
und die Seinen nahmen ihn nicht auf.
Die ihn aber aufnahmen,
denen gab er Vollmacht,
Gottes Kinder zu werden,
denen, die an seinen Namen glauben,

[3] Weihnachten 2010.

die nicht aus Blut, nicht aus dem Wollen des Fleisches und nicht aus dem Wollen des Mannes, sondern aus Gott gezeugt sind.
Und das Wort, der Logos, wurde Fleisch
und wohnte unter uns,
und wir schauten seine Herrlichkeit,
eine Herrlichkeit, wie sie ein Einziggeborener vom Vater hat,
voller Gnade und Wahrheit.
Johannes legt Zeugnis ab von ihm, er hat gerufen: Dieser war es, von dem ich gesagt habe: Der nach mir kommt, ist vor mir gewesen, denn er war, ehe ich war.
Aus seiner Fülle
haben wir ja alle empfangen,
Gnade um Gnade.
Denn das Gesetz wurde durch Mose gegeben, die Gnade und die Wahrheit ist durch Jesus Christus geworden.
Niemand hat Gott je gesehen. Als Einziggeborener, als Gott, der jetzt im Schoss des Vaters ruht, hat er Kunde gebracht.“[4]

Liebe Gemeinde!

Ich vermute, einige von Ihnen waren schon in Rom. Und alle kennen jedenfalls vom Fernsehen die Ewige Stadt, wie man sie zu nennen pflegt. Gerade heute, am Weihnachten, um die Mittagszeit, wird man wieder sehen können, wie der Papst seinen Segen *urbi et orbi* (der Stadt und der Welt) zuruft.

Ich möchte Sie zu einem Weihnachtsspaziergang nach Rom einladen, allerdings nicht auf den Petersplatz, sondern ans andere Tiberufer zu einer kleinen Kirche an einem unscheinbaren Platz mitten in der Altstadt. Sie heisst S. Agostino. Für

[4] Joh 1,1–18. Wenn nicht anders angegeben, wird mit freundlicher Genehmigung von Marianne Stauffacher (gestorben am 22. September 2013) aus der Zürcher Bibel von 2007 zitiert.

die Geschichte der aus der Reformation hervorgegangenen Kirchen ist sie von Interesse, weil der junge Martin Luther möglicherweise einige Wochen hier gewohnt hat. Heute sind es vor allem werdende Mütter, die diese Kirche aufsuchen, um für eine glückliche Geburt zu beten. Wer das Gotteshaus betritt, findet es zuerst ziemlich dunkel. Und noch düsterer ist eine Seitenkapelle hinten links. Erst wenn man zwei Euro in einen Apparat wirft, leuchtet ein Scheinwerfer auf. Und man erblickt ein Altarbild, von dem eine ungeheure Wirkung ausgeht. Der Maler Caravaggio malte es kurz nach 1600. Es zeigt Maria mit dem Jesusknaben. Vor Mutter und Kind knien zwei andächtige Pilger.

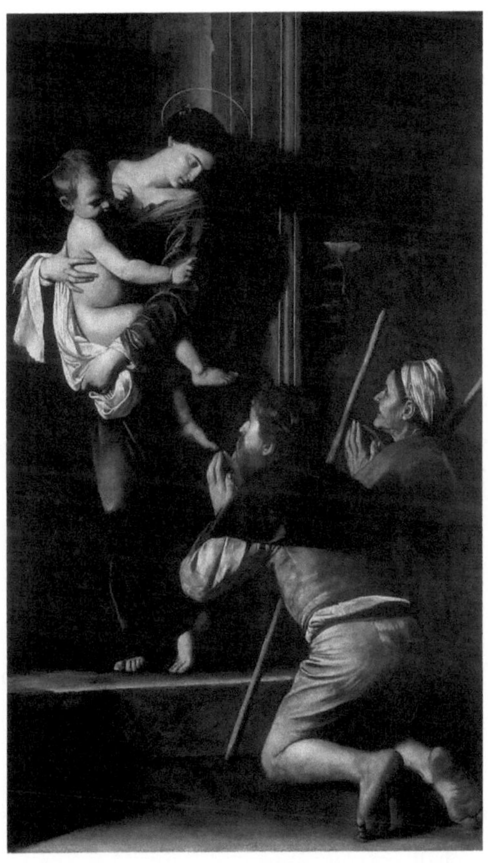

Michelangelo Merisi da Caravaggio: Die Madonna der Pilger (S. Agostino, Rom)

Lassen Sie mich noch mehr von diesem Bild erzählen: Anders als auf vielen anderen Darstellungen ist Maria hier gar nichts anderes als eine einfache junge Frau. Sie könnte in einem der umliegenden Häuser wohnen. Sie ist barfuss. Und der kleine Jesus ist ebenfalls ein ganz gewöhnlicher Bub – keine Spur von Heiligkeit oder sogar Göttlichkeit, ein normales Kind, wie wir es alle kennen. Die beiden knienden Pilger sieht man von hinten im Profil. Rechts eine ältere Frau mit einem weissen Kopftuch. Wenn sie hier in unserer Kirche sässe, wäre sie in keiner Weise auffallend und würde sich gut in unsere Gottesdienstgemeinde einfügen, vielleicht eine alte Bäuerin. Und links von ihr kniet ein Mann. Den Pilgerstab hat er (wie die Frau den ihren ebenfalls) auf die Seite gestellt. Die Hände hat er zum Gebet ineinandergelegt. Er hat sonst überhaupt nichts Besonderes an sich. Oder ich kann es auch anders sagen: Das einzige Besondere an ihm ist, dass auch er wie Maria barfuss ist. Seine nackten Füsse sind so plastisch, dass sie fast aus dem Bild herauszuragen scheinen. Und ganz deutlich sieht man, dass er seine Füsse nicht gewaschen hat. Er ist von der Strasse oder vom Feld gekommen. Erde und Staub kleben an seinen Sohlen – einfach so.

Der Maler Caravaggio erzählte später, bei der Einweihung des Altars, wohl im Jahr 1603, sei jedenfalls ein Teil der Anwesenden in Gelächter ausgebrochen. Als das Bild enthüllt wurde, hätten sie „gegackert" wie ein Hof voller Hühner. „Geht denn das, ein Mann mit ungewachsenen Füssen auf einem Marienbild? Ist das nicht anstössig und respektlos? Ist das nicht geradezu ein Skandal?"

Liebe Gemeinde, ich habe das Bild schon oft betrachtet, sei es in Rom selbst, sei es auch in einem Bildband oder auf einer Postkarte. Und deshalb erzähle ich in meiner diesjährigen Weihnachtspredigt davon, weil ich denke: Gerade die ungewaschenen Füsse dieses Mannes und überhaupt die beinahe provozierende – wenn ich so sagen darf – Weltlichkeit der Darstellung führt uns mitten ins Herz der Weihnachtsbotschaft.

Denn darum geht es doch: Aus dem Johannesevangelium hörten wir vorher den zentralen Satz: „Und das Wort, der Logos, wurde Fleisch und wohnte unter uns." Das Besondere der Weihnachtsbotschaft besteht darin, dass das göttliche Wort ganz fleischlich – und das heisst: unansehnlich und hinfällig – wird. „Alles Fleisch ist Gras, und alles, was gut ist daran, ist wie die Blume auf dem Feld. Das Gras vertrocknet, die Blume verwelkt, wenn der Atem des HERRN darüberweht."[5] „Und das Wort, der Logos, wurde Fleisch" heisst in der biblischen Sprache, dass Gott in seinem Sohn Jesus Christus ganz irdisch und vergänglich wird, sich selbst gewöhnlich und verletzlich macht, sich selbst der Sterblichkeit und dem Tod ausliefert.

In der Geschichte des Christentums hat man das Weihnachtsgeschehen oft romantisiert und verniedlicht. Man stellte es auf Goldgrund dar und verdunkelte damit die eigentliche Pointe der Geburt Jesu. Der Maler Caravaggio hat an dieser Stelle Gegensteuer gegeben, indem er Maria und Jesus wie ganz gewöhnliche Menschen darstellte – und noch mehr durch den Pilger mit den ungewaschenen Füssen, die an der Einweihung des Bildes offenbar ein „Gegacker" auslösten. Das Weihnachtsgeschehen ist nicht niedlich und romantisch oder sogar süsslich. Noch einmal: „Und das Wort, der Logos, wurde Fleisch und wohnte unter uns." So sagt es das Johannesevangelium. Und auch die bekannten Weihnachtsgeschichten im Lukas- und Matthäusevangelium sind genau gelesen alles andere als niedlich. Bei Lukas wird eine schwangere Frau durch die hohe Politik gezwungen, kurz vor der Geburt eine beschwerliche und gefährliche Reise auf sich nehmen. Sie muss das Kind in einen Futtertrog legen, weil sie sonst keinen Raum in der Herberge findet. Bei Matthäus ist die Darstellung fast noch schroffer. Zuerst will Josef Maria verlassen, weil er wegen ihrer Schwangerschaft an ihrer Treue zweifelt. Und dann kommt die Geschichte von der Flucht nach Ägypten und vom Kindermord in Bethlehem.

[5] Jes 40,6–7.

Die biblischen Weihnachtsgeschichten sind nicht traulich und gemütlich. Der Maler Caravaggio mit seinem Bild vom Pilger mit den ungewaschenen Füssen in der Kirche S. Agostino in Rom (und auch mit anderen Bildern) hilft uns, das zu sehen.

Liebe Gemeinde, wir alle wissen es: Es gibt immer auch Menschen, die Weihnachten ungern feiern. Es sind oft einsame und enttäuschte Männer und Frauen, Leute, die Schweres erlebten oder immer noch erleben. Und wenn sie dann das Gefühl haben: in allen Häusern sitzen die Menschen jetzt vor dem Christbaum oder um den festlich gedeckten Esstisch, sie tauschen Geschenke aus und besuchen sich gegenseitig, sie sind fröhlich und singen schöne Lieder – dann wird ihnen das Enttäuschende und Traurige, das sie selbst erlebt haben oder erleben, nur umso deutlicher bewusst. Nun, ich denke, wenn man diesen Menschen von Weihnachten so erzählen kann, wie es in der Bibel steht, wenn man ihnen sagen kann, dass der Gott, von dem in der Bibel die Rede ist, in seinem Sohn Jesus Christus keinen Bogen um das Dunkle und Negative macht, sondern sich ihm im Gegenteil aussetzt, es bewusst auf sich nimmt und selbst erfährt, was es heisst, wenn man im Schatten steht und nicht im Glanz – dann können auch die Einsamen, Verbitterten und Enttäuschten neu zu hoffen anfangen: „Gottes schrankenlose Liebe gilt auch mir – oder sogar mir besonders."

Gott ist nicht nur mit den Fröhlichen, sondern auch mit denen, die wenig oder überhaupt keinen Grund für die Freude zu haben meinen, nicht nur mit den Gesunden, sondern auch mit den Gebrechlichen und Kranken, mit den Einsamen und Gefangenen, nicht nur mit den Wohlhabenden, sondern auch mit denen, deren Füsse buchstäblich mit Erde und Staub beschmutzt sind und denen das Wasser, um die Füsse zu waschen, fehlt.

Nun, die meisten von uns sind wohl nicht in der Lage jenes ungewaschenen Pilgers. Da es uns besser als diesem geht, können wir deshalb nur umso dankbarer sein für alles, was wir haben. Und wir können von unserer Weihnachtsfreude etwas weiterzugeben versuchen – materiell und spirituell.

Ich wünsche uns allen – und auch mir selbst – die nötige Phantasie dazu. Amen.

Der Leviatan – Seeungetüm und Spielzeug Gottes[6]

„Was wollen wir dem noch hinzufügen? Wenn Gott für uns ist, wer kann wider uns sein? Er, der seinen eigenen Sohn nicht verschont, sondern für uns alle dahingegeben hat, wie sollte er uns mit ihm nicht alles schenken? Wer will gegen die Erwählten Gottes Anklage erheben? Gott ist es, der Recht spricht. Wer will da verurteilen? Christus Jesus ist es, der gestorben, ja mehr noch, der auferweckt worden ist; er sitzt zur Rechten Gottes, er tritt für uns ein.

Wer will uns scheiden von der Liebe Christi? Bedrängnis, Not oder Verfolgung? Hunger oder Blösse? Gefahr oder Schwert? Wie geschrieben steht: *Um deinetwillen sind wir dem Tod ausgesetzt den ganzen Tag, zu den Schafen gerechnet, die man zur Schlachtbank führt.* Doch in all dem feiern wir den Sieg dank dem, der uns seine Liebe erwiesen hat. Denn ich bin mir gewiss: Weder Tod noch Leben, weder Engel noch Mächte, weder Gegenwärtiges noch Zukünftiges noch Gewalten, weder Hohes noch Tiefes noch irgendein anderes Geschöpf vermag uns zu scheiden von der Liebe Gottes, die in Christus Jesus ist, unserem Herrn.“[7]

Liebe Gemeinde!

Ein Facharzt für Kinderpsychiatrie erzählte mir das Folgende: Eine Mutter, die sich Sorgen machte, brachte in seine Sprechstunde einen vierzehnjährigen Gymnasiasten, an der Schwelle zwischen Kindheit und Erwachsenenalter. Der Junge war hoch begabt, vielleicht gerade deshalb ein Aussenseiter in seiner Klasse und oft ein bisschen deprimiert.

---

[6] 24. Juli 2011.

[7] Röm 8,31–39.

Der Arzt begann mit einer Psychotherapie, in der Regel in Gesprächsform. Aber einmal forderte er seinen Patienten auf, mit Lehm aus einer Töpferwerkstatt etwas zu modellieren.

Der sonst eigentlich nicht mehr kindliche Junge gestaltete ein fürchterliches Untier, etwa 15 Zentimeter gross. Es sah aus, wie man sich in Märchen, Sagen und Legenden einen Drachen vorstellt. Die Lehmfigur wurde zum Trocknen auf die Seite gestellt. In einer der folgenden Therapiestunden wurde sie dann noch grell bemalt, giftig grün, knallig rot und stechend gelb.

Im Zusammenhang mit dieser selbst gestalteten Figur wurde es dem Jungen möglich, über seine Ängste zu sprechen, auch über die Konflikte in der Schule. Die seelischen Störungen begannen, sich zu verlieren.

Liebe Gemeinde, und damit sind wir beim heutigen Predigtthema, dem Leviatan. Ich habe Ihnen ein Blatt austeilen lassen. Und dieses soll deutlich machen: Das Meerungetüm mit dem Namen Leviatan ist ein uraltes Symbol für das, wovor man Angst hat. In der Sprache des grossen Schweizer Psychologen Carl Gustav Jung ist es ein Archetyp, ein machtvolles Bild, das tief in unserer Seele beheimatet ist.

Auf dem Blatt sehen Sie unter anderem, wie der bedeutende französische Buchillustrator Gustave Doré den Leviatan im 19. Jahrhundert für eine luxuriös ausgestattete, grossformatige Bilderbibel gestaltet hat – ein hoch expressives Bild, das wirklich fast Angst macht.

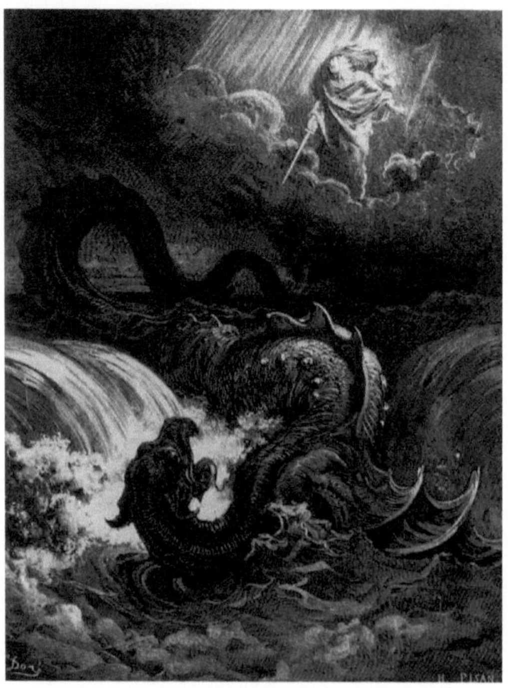

Gustave Doré, Leviatan (Bibelillustration, zuerst 1866)

Fast noch eindrücklicher dünkt mich aber das andere Bild auf dem Blatt. Es führt in den alten Orient zurück. Es handelt sich um den Abdruck eines Rollsiegels. Relativ klein in der Mitte sehen wir wohl den Lebensbaum im Paradies, d.h. das Symbol eines gelungenen Lebens überhaupt, ebenfalls ein Archetyp. Doch dieser Lebensbaum wird nun von rechts von einem fürchterlichen Ungetüm bedroht. Es sieht wie eine Schlange aus, hat zwei Hörner als Symbole der Kraft, ist aus dem Meer aufgestiegen – Ausdruck einer äussersten Bedrohung.

Der Lebensbaum – und damit das Leben selbst – ist in extremer Gefahr. Doch getrost! Auf der linken Seite erblicken wir einen Bogenschützen. Es handelt sich um einen Gott (vielleicht ist es Marduk, der Stadtgott von Babylon), und dieser Gott kämpft gegen das Ungeheuer auf der rechten Seite. Der Streit ist noch nicht entschieden. Kann der Lebensbaum – und damit das Leben selbst – überleben, oder wird das Ungeheuer ihn verschlingen?

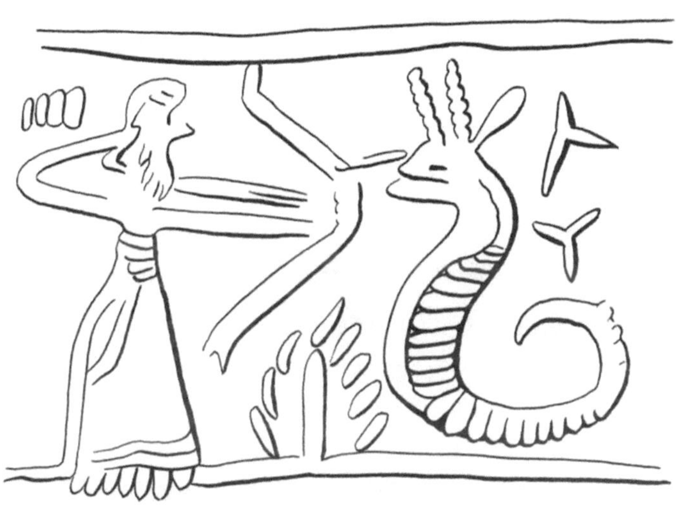

Rollsiegelabdruck (Othmar Keel: Die Welt der altorientalischen Bildsymbolik und das Alte Testament.)[8]

Ich denke, der Kunsthandwerker, von dem das Rollsiegel stammt, wollte wohl seine Zuversicht und Hoffnung ausdrücken: Der Gott wird über das Ungeheuer siegen.

Liebe Gemeinde, und jetzt sind wir bei Texten aus der Bibel.

> „Du hast in deiner Kraft das Meer aufgestört,
> die Häupter der Ungeheuer über dem Wasser zerschmettert.
> Du hast die Köpfe des Leviatan zerschlagen,
> ihn den Seeleuten zur Speise gegeben.“[9]

---

[8] Darmstadt: Wissenschaftliche Buchgesellschaft, 1984, S. 43.
[9] Ps 74,13f.

Oder:

> „An jenem Tag wird der HERR mit seinem schweren, grossen und starken Schwert den Leviatan heimsuchen, die flüchtige Schlange, den Leviatan, die gewundene Schlange, und er wird das Ungeheuer umbringen, das im Meer ist.“[10]

Im ersten Text aus Psalm 74 blickt der Psalmist auf den Sieg seines Gottes, des Gottes Israels, über den Leviatan bereits zurück. Es ist für ihn eindeutig, dass sein Gott mächtiger als das Böse ist. Streng genommen hat er es besiegt. Allenfalls können wir in unserer Alltagswirklichkeit noch von Rückzugsgefechten des Bösen sprechen. Wir dürfen aber zuversichtlich sein. Wir müssen uns nicht fürchten.

Im zweiten Text – aus dem Buch Jesaja – steht der Sieg über das Böse noch bevor. Aber der Prophet ist sich dessen gewiss: Das Böse und natürlich auch das Leid und der Tod sind zwar ein Teil unserer Realität. Aber sie haben nicht das letzte Wort. Wir dürfen nicht zu viel Respekt vor ihnen haben. Es *gibt* die Erfahrung des Negativen. Das lässt sich nicht leugnen. An Gott glauben heisst aber: trotzdem zuversichtlich bleiben, nicht klein beigeben, darauf vertrauen, dass Gott mächtiger ist und sich durchsetzen wird. *Gott* ist die alles bestimmende Wirklichkeit und nicht der Leviatan.

Zwei weitere Bibeltexte haben es nach meinem Dafürhalten ganz besonders in sich:

---

[10] Jes 27,1.

„Da ist das Meer, so gross und so weit,
darin ein Gewimmel ohne Zahl,
Tiere gross und klein.
Schiffe ziehen dahin,
der Leviatan, den du gebildet hast,
um mit ihm zu spielen.“[11]

„Und Gott schuf die grossen Seetiere und alle Lebewesen, die sich regen, von denen das Wasser wimmelt, nach ihren Arten und alle geflügelten Tiere nach ihren Arten. Und Gott sah, dass es gut war.“[12]

Im ersten Zitat, aus Psalm 104, ist der Leviatan das Spielzeug Gottes. D.h., Gott ist dem Unheimlichen, Bedrohlichen und Bösen derart überlegen, dass er es nicht umbringen muss. Er spielt damit. Er lässt es an seiner Leine ein bisschen laufen.

Aber *wirklich*, d.h. auf Dauer, schaden kann das Ungeheuer nicht. In Goethes „Faust“ sagt Mephisto, der Teufel, von sich selbst:

„[Ich bin] ein Teil von jener Kraft,
die stets das Böse will und stets das Gute schafft.“[13]

Wie oft verhält es sich im Leben doch so: Man erfährt etwas Erschreckendes und Negatives, und erst in der Rückschau wird klar, dass das Negative zu einem guten Resultat geführt hat. Etwa: Damals hätte ich so gerne diese Stelle bekommen. Ich meinte, mein ganzes Lebensglück hange davon ab. Eine andere Person

---

[11] Ps 104,25f.
[12] Gen 1,21.
[13] Goethes Werke. Herausgegeben von Ernst Merian-Genast. Basel: Verlag Birkhäuser 1944, Band 3, S. 44. Fortan abgekürzt mit: Goethe und Bandzahl.

wurde mir vorgezogen. Aber Jahre später weiss ich: Wie es mit meinem Leben weiterging, war besser, gereichte mir und anderen zum Segen.

Im zuletzt genannten Bibeltext, aus der Schöpfungsgeschichte in 1. Mose 1, heisst es am Schluss: „Und Gott sah, dass es gut war." Auch die „grossen Seetiere" – der Leviatan inbegriffen – gehören zu Gottes guter Schöpfung.

Liebe Gemeinde! „Und Gott sah, dass es gut war", ist ein Spitzensatz der Bibel. Er wirft Fragen auf. Auf den ersten und auf den zweiten und oft auch noch auf den dritten Blick ist nicht „alles" gut. Ich muss dafür keine Beispiele machen. Unser Leben und das der anderen ist oft ein Kampf. Mindestens vorläufige Niederlagen gehören dazu. Der Glaube, zu dem die ganze Bibel vom 1. Buch Mose bis zur Johannesoffenbarung uns einladen möchte, ermutigt uns jedoch dazu, immer neu „Trotzdem" zu sagen.

> „Dennoch bleibe ich stets an dir;
> denn du hältst mich bei meiner rechten Hand."[14]

> „Es ist aber der Glaube eine gewisse Zuversicht des, das man hofft,
> und ein Nichtzweifeln an dem, das man nicht sieht."[15]

Liebe Gemeinde, ich weiss es auch: Es ist nicht immer einfach. Es fällt uns manchmal schwer, zu vertrauen und zu glauben. Lassen wir es uns aber trotzdem sagen: Der Leviatan – das Ungeheuer aus dem Meer – hat nicht das letzte Wort. Unser Gott ist stärker. Amen.

[14] Ps 73,23 (Lutherbibel von 1912).
[15] Hebr 11,1 (Lutherbibel von 1912).

Erinnerung an Friedrich von Spee (1591-1635)[16]

Gnade sei mit euch und Friede von Gott, unserem Vater, und von unserem Herrn Jesus Christus.

O dass du den Himmel zerrissest und führest herab!
O dass du dich annähmest derer, die Recht üben und deiner Wege gedenken!
Träufelt ihr Himmel, von oben, und die Wolken sollen strömen von Recht!
Amen.

Liebe Gemeinde, mit diesen Versen nach dem Buch Jesaja,[17] diesem so bildhaften Aufschrei nach Gerechtigkeit, begrüsse ich alle herzlich. Ein besonderer Adventsgottesdienst ist angesagt – ausgehend vom Lied „O Heiland, reiss die Himmel auf“. Wir denken an den Dichter dieser Strophen, Friedrich von Spee (1591-1635), wir werden auch noch andere Lieder von ihm singen. Wir hören aus seinem Leben. Im Dezember ist der Tag der Menschenrechte. Und Friedrich von Spee war einer der ersten, die sich in finsterer Zeit dafür engagierten.

Lasst uns vorerst singen:

> „O Heiland, reiss die Himmel auf;
> herab, herab, vom Himmel lauf.
> Reiss ab vom Himmel Tor uns Tür,
> reiss ab, wo Schloss und Riegel für!

---

[16] 8. Dezember 2009.

[17] Es handelt sich um eine freie Zusammenstellung aus Jes 64 und 45, in Anlehnung an die Lutherbibel.

O Gott, ein' Tau vom Himmel giess;
im Tau herab, o Heiland, fliess.
Ihr Wolken, brecht und regnet aus
den König über Jakobs Haus.

O Erd, schlag aus, schlag aus, o Erd,
dass Berg und Tal grün alles wird.
O Erd, herfür dies Blümlein bring,
o Heiland, aus der Erden spring."[18]

Lasst uns beten:

Gott, in diesem Adventssonntag stehen wir vor dir. Dir wollen wir anvertrauen, was uns beschäftigt und wovon wir bewegt sind. Wir haben viele Fragen. Warum gibt es Unrecht und Leid in dieser Welt? Warum müssen wir an uns selbst erfahren, wie ohnmächtig wir oft sind - und auch oft wie träge? Gib uns deinen guten Geist. Stärke unseren Mut und wecke unsere Phantasie. Gib uns Standfestigkeit, das zu tun, was wir für richtig halten. Lass uns nicht müde werden. Gib uns neue Kraft. In der Stille wollen wir dir jetzt anvertrauen, wovon wir belastet, beunruhigt und erfüllt sind. .... Gott, du kennst uns besser, als wir uns selber kennen. Du verstehst uns und stehst zu uns. Du stehst zu deiner ganzen Welt. Wir danken dir dafür, dass du auch jetzt für alle da bist. Amen.

*

„Wenn aber der Menschensohn in seiner Herrlichkeit kommt und alle Engel mit ihm, dann wird er sich auf den Thron seiner Herrlichkeit set-

[18] Gesangbuch der Evangelisch-reformierten Kirchen der deutschsprachigen Schweiz. Basel: Reinhardt Verlag, und Zürich: Theologischer Verlag, 1998, Nr. 361,1–3. In der Folge abgekürzt mit: Gesangbuch.

zen. Und alle Völker werden sich vor ihm versammeln, und er wird sie voneinander scheiden, wie der Hirt die Schafe von den Böcken scheidet. Und er wird die Schafe zu seiner Rechten stellen, die Böcke aber zur Linken. Dann wird der König denen zu seiner Rechten sagen: Kommt her, ihr Gesegneten meines Vaters, empfangt als Erbe das Reich, das euch bereitet ist von Grundlegung der Welt an. Denn ich war hungrig, und ihr habt mir zu essen gegeben. Ich war durstig, und ihr habt mir zu trinken gegeben. Ich war fremd, und ihr habt mich aufgenommen. Ich war nackt, und ihr habt mich bekleidet. Ich war krank, und ihr habt euch meiner angenommen. Ich war im Gefängnis, und ihr seid zu mir gekommen. Dann werden ihm die Gerechten antworten: Herr, wann haben wir dich hungrig gesehen und haben dir zu essen gegeben, oder durstig und haben dir zu trinken gegeben? Wann haben wir dich als Fremden gesehen und haben dich aufgenommen, oder nackt und haben dich bekleidet? Wann haben wir dich krank gesehen oder im Gefängnis und sind zu dir gekommen? Und der König wird ihnen zur Antwort geben: Amen, ich sage euch: Was ihr einem dieser meiner geringsten Brüder getan habt, das habt ihr mir getan. Dann wird er denen zur Linken sagen: Geht weg von mir, ihr Verfluchten, in das ewige Feuer, das bereitet ist für den Teufel und seine Engel! Denn ich war hungrig, und ihr habt mir nicht zu essen gegeben. Ich war durstig, und ihr habt mir nicht zu trinken gegeben. Ich war fremd, und ihr habt mich nicht aufgenommen. Ich war nackt, und ihr habt mich nicht bekleidet. Ich war krank und im Gefängnis, und ihr habt euch meiner nicht angenommen. Dann werden auch sie antworten: Herr, wann haben wir dich hungrig oder durstig gesehen oder fremd oder nackt oder krank oder im Gefängnis und haben nicht für dich gesorgt? Dann wird er ihnen antworten: Amen, ich sage euch: Was ihr einem dieser Geringsten nicht getan habt, das habt ihr mir nicht getan.“[19]

---

[19] Mt 25,31–45.

*

„Wo bleibst du, Trost der ganzen Welt,
darauf sie all' ihr Hoffnung stellt?
O komm, ach komm vom höchsten Saal,
komm tröst uns hie im Jammertal.

O klare Sonn, du schöner Stern,
dich wollten wir anschauen gern;
o Sonn, geh auf, ohn deinen Schein
in Finsternis wir alle sein.

Hier leiden wir die grösste Not,
vor Augen steht der ewig Tod.
Ach komm, führ uns mit starker Hand
vom Elend zu dem Vaterland."[20]

*

„In stiller Nacht, zur ersten Wacht,
Ein Stimm sich gunnt zu klagen.
Ich nahm in acht, was die da sagt,
Tat hin mit Augen schlagen.

Ein junges Blut, von Sitten gut,
Alleinig, ohn Gefährten,
In grosser Not, fast halber tot,
Im Garten lag auf Erden.

---

[20] Gesangbuch, Nr. 361,4–6.

Es war der liebe Gottessohn,
Sein Haupt er hatt in Armen;
Viel weiss – und bleicher dann der Mon,
Ei'm Stein es möchte erbarmen.

‚Ach Vater, liebster Vater mein,
Und muss den Kelch ich trinken?
Und mag's dann ja nit anders sein,
Mein Seel nit lass versinken!'

‚Ach liebes Kind, trink aus geschwind;
Dir's lass in Treuen sagen:
Sei wohlgesinnt, bald überwind,
Den Handel musst du wagen.'

‚Ach Vater mein, und kanns nit sein?
Und muss ichs je dann wagen?
Will trinken rein den Kelch allein,
Kann dir's ja nicht versagen.

Doch Sinn und Mut erschrecken tut,
Soll ich mein Leben lassen?
O bitter Tod! Mein Angst und Not
Ist über alle Massen.

Maria zart, jungfräulich Art,
Sollt du mein Schmerzen wissen,

Mein Leiden hart zu dieser Fahrt,
Dein Herz wär schon zerrissen.

Ach Mutter mein, bin ja kein Stein,
Das Herz mir dörft zerspringen;
Sehr grosse Pein muss nehmen ein,
Mit Tod und Marter ringen.

Ade, ade zu guter Nacht,
Maria, Mutter milde!
Ist niemand, der dann mit mir wacht
In dieser Wüsten wilde?

Ein Kreuz mir für den Augen schwebt,
O weh der Pein und Schmerzen!
Dran soll ich morgen wer'n erhebt,
Das greifet mir zum Herzen.

Viel Ruten, Geissel, Skorpion
In meinen Ohren sausen,
Auch kommt mir vor ein dörnen Kron;
O Gott, wem wollt nit grausen!

Zu Gott ich hab gerufen zwar
Aus tiefen Todesbanden;
Dennoch ich bleib verlassen gar,
[Nicht] Hilf noch Trost vorhanden.

Der schöne Mon will untergohn,
Für Leid nit mehr mag scheinen.
Die Sternen lan ihr Glitzen stahn,
Mit mir sie wollen weinen.

Kein Vogelsang noch Freudenklang
Man höret in den Luften,
Die wilden Tier traurn auch mit mir
In Steinen und in Kluften.“[21]

Liebe Gemeinde!

Was ich eben las, war die Szene „Jesus im Garten Gethsemane“, in der Jesus am Vorabend seiner Kreuzigung sein Leid, seinen Schmerz, seine Angst Gott entgegen schreit. Und der Dichter dieser berühmten Strophen ist nun eben Friedrich von Spee, einer der bedeutendsten Vertreter der frühen Barockzeit. Seine Gedichtsammlung „Trutz Nachtigall“ ist weltberühmt geworden. Besonders zauberhaft an seinen Versen ist die Verbindung der menschlichen Erfahrung mit den Naturerscheinungen. In den eben gelesenen Strophen trauern der Mond und die Sterne und die wilden Tiere mit. Auch die Vögel schweigen. Im Lied „O Heiland, reiss die Himmel auf“ verhält es sich ähnlich. Wichtig sind auch die Strophen 2 und 3, die im früheren Gesangbuch gestrichen worden waren:

„O Gott, ein’ Tau vom Himmel giess;
im Tau herab, o Heiland, fliess.
Ihr Wolken, brecht und regnet aus
den König über Jakobs Haus.

[21] Karl Otto Conrady (Hg.): Das grosse deutsche Gedichtbuch. Königstein/Ts.: Athenäum Verlag, 1978, S. 69.

O Erd, schlag aus, schlag aus, o Erd,
dass Berg und Tal grün alles werd.
O Erd, herfür dies Blümlein bring,
O Heiland, aus der Erden spring."

Vielleicht fand man damals, nach dem Zweiten Weltkrieg, als das frühere Gesangbuch herausgegeben wurde, diese Verse seien zu mythologisch, zu bizarr. Aber die kosmische Dimension war sehr wichtig für Friedrich von Spee. Heil war für ihn mehr als nur ein innerseelischer Prozess. Die ganze Welt muss zur neuen Schöpfung werden. Die Herausgeber des heutigen Gesangbuchs sahen sich offenbar veranlasst, das Lied in einer Fussnote zu kommentieren: „Die Propheten des Alten Testaments haben in ihre Hoffnung auf das kommende Heil die ganze Schöpfung einbezogen. In den Strophen 2 und 3 braucht der Dichter einige dieser Bilder, um seine Sehnsucht nach dem Erlöser auszudrücken."[22] Man könnte auch an die Stelle im Römerbrief des Apostels Paulus erinnern: „Denn wir wissen, dass die ganze Schöpfung seufzt und in Wehen liegt, bis zum heutigen Tag." (Röm. 8,22.) Friedrich von Spee wusste besser als viele andere, wie wichtig für den biblischen Glauben diese die ganze Welt umspannende Dimension ist.

Doch wer war dieser Friedrich von Spee? Er war einer der bedeutendsten Dichter der deutschen Literaturgeschichte. Abgesehen davon war er – einmal ganz abgekürzt formuliert – ein grosser Seelsorger. Schon früh trat der am 25. Februar 1591 in Kaiserswerth bei Düsseldorf Geborene in den Jesuitenorden ein. Sein eigener Lebensplan wäre die Heidenmission gewesen – Verkündigung des Evangeliums irgendwo in Indien, China oder Lateinamerika. Seine Vorgesetzten lehnten ab. Als Professor der Moraltheologie lehrte er an den Universitäten Paderborn, Köln und Trier. Aus heutiger Sicht viel wichtiger war aber seine prakti-

[22] Gesangbuch, S. 423.

sche Seelsorgetätigkeit. Als Seelsorger von an der Pest erkrankten Soldaten ist er verhältnismässig jung in Trier am 7. August 1636 gestorben. Das ist der Grund weshalb ich vorhin als Schriftlesung den Text aus dem berühmten 25. Kapitel des Matthäusevangeliums wählte:

> „Denn ich war hungrig, und ihr habt mir nicht zu essen gegeben. Ich war durstig, und ihr habt mir nicht zu trinken gegeben. Ich war fremd, und ihr habt mich nicht aufgenommen. Ich war nackt, und ihr habt mich nicht bekleidet. Ich war krank und im Gefängnis, und ihr habt euch meiner nicht angenommen.“[23]

Friedrich von Spee hätte sich diesen Vorwurf nicht gefallen lassen müssen. „Für ihn war es [...] eine Frage des am Evangelium orientierten Gewissens, für den geschundenen Menschen einzutreten.“[24] (Geschichte der Seelsorge 2, S. 197.) In seinen theoretischen Schriften setzte er sich intensiv mit diesem Abschnitt im Matthäusevangelium auseinander. Und in seinem praktischen Leben: Von seiner Seelsorge an Pestkranken, was ihm selbst das Leben kostete, haben wir schon gehört. Noch zentraler war die Betreuung von Frauen, die in Hexenprozessen angeklagt, gefoltert und dann hingerichtet wurden. Es war die Zeit, in der der Hexenwahn in den meisten europäischen Ländern (evangelischen und katholischen) umging. Hunderttausende – vor allem Frauen, aber auch Männer – wurden verbrannt oder auf andere Weise hingerichtet. Durch die Folter wurden sie gezwungen, sich selbst zu bezichtigen, mit dem Teufel im Bunde zu stehen.

Friedrich von Spee war nun die erste Persönlichkeit in der deutschsprachigen Welt, die auf Grund eigener Beobachtung dazu kam, zu erkennen, wie unsinnig diese Hexenprozesse waren. Anonym publizierte er das Buch „Cautio crimina-

---

[23] Mt 25,42f.

[24] Christian Möller (Hg.): Geschichte der Seelsorge in Einzelporträts. Band 2. Göttingen: Vandenhoeck & Ruprecht, 1995, S. 197. (Michael Sievernich.)

lis“ – frei übersetzt – „Vorsicht bei Kriminalprozessen!“ –, in dem er in grosser Klarheit darlegte, wenn der Papst gefoltert würde, würde sogar er bekennen, ein Hexer zu sein und mit dem Teufel im Bunde zu stehen.

Aus dieser „Cautio criminalis“ lese ich einige Sätze wörtlich:

> „Wenn auch mir selbst etwas zu sagen verstattet ist, so muss ich gestehen, dass ich an verschiedenen Orten so manche Hexe zum Tode begleitet habe, an deren Unschuld ich noch jetzt genau so wenig zweifle, wie ich es an Mühe und bald übergrossem Fleiss nicht habe fehlen lassen, die Wahrheit zu entdecken.“[25]
>
> Ich muss „die Forderung anschliessen, dass [...] die Tortur völlig abzuschaffen und nicht mehr anzuwenden ist.“[26]
>
> „[...] dass wir nicht allesamt Zauberer sind, hat nur den einen Grund, dass wir noch nicht mit der Folter in Berührung gekommen sind.“[27]
>
> „[...] mit Menschenblut [darf] man nicht Kurzweil treiben [...] und [...] unsere Köpfe [sind] keine Spielbälle [...], mit denen man so ohne weiteres zum Vergnügen leichtfertig um sich werfen darf.“[28]

„Gegenüber [...] dem Teufelskreis von Gerücht, Folter und Denunziation forderte Spee neue Grundsätze für das Strafrecht, wie zum Beispiel die Unschuldsvermutung bis zum Beweis der Schuld (In dubio pro reo), das Recht auf Verteidigung, die Unabhängigkeit der Richter, das Verbot der Folter, die Trennung

[25] Ebenda, S. 201.
[26] Ebenda, S. 202.
[27] Ebenda, S. 206.
[28] Ebenda, S. 202.

von Anklage und Urteilsfindung."[29] Da damals die überwiegende Mehrzahl der Leute an die Hexerei glaubte, war es gefährlich, diese Meinung so ungeschminkt zu vertreten. Nachdem bekannt geworden war, dass Friedrich von Spee der Verfasser des mutigen Buches war, wurde ihm nahelegt, den Jesuitenorden zu verlassen. Zwei Jahre später kamen seine Oberen aber auf ihren Beschluss zurück und forderten ihn auf, zu bleiben.

Allerdings, erst einige Generationen später haben sich seine Forderungen durchgesetzt. Es war der Preussenkönig Friedrich II., der bei seinem Regierungsantritt im Jahr 1740 die Folter als erster abgeschafft hat. Heute ist sie leider wieder fast überall auf der Welt verbreitet.

Doch zurück zu Friedrich von Spee! Es war für mich eine grosse Freude, zu entdecken, dass in unserem Kirchengesangbuch mehrere Lieder Friedrich von Spees neu aufgenommen worden sind. Nicht nur „O Heiland, reiss die Himmel auf", sondern auch die beiden anderen, die wir in diesem Gottesdienst noch singen werden. Immerhin hat er 150 Lieder gedichtet, von denen bis heute ungefähr zwanzig sangbar geblieben sind. In der „Kirchenlieder-Hitparade" kommt er unmittelbar nach Paul Gerhardt!

Als letztes Beispiel im Predigtteil lese ich ein Weihnachtsgedicht des Dichters:

„Ein kurz poetisch Christgedicht vom Ochs und Eselein bei der Krippe

Der Wind auf leeren Strassen
Streckt aus die Flügel sein,
Streicht hin gar scharf ohn' Massen
Zur Bethlems Krippen ein;

[29] Ebenda, S. 206.

Er brummlet hin und wieder,
Der fliegend Winterbot,
Greift an die Gleich und Glieder
Dem frisch vermenschten Gott.

Ach, ach, lass ab von Brausen,
Lass ab, du schnöder Wind,
Lass ab von kaltem Sausen
Und schon dem schönen Kind!
Vielmehr du deine Schwingen
Zerschlag im wilden Meer,
Allda dich satt magst ringen,
Kehr nur nit wieder her!

Mit dir nun muss ich kosen,
Mit dir, o Joseph mein,
Das Futter misch mit Rosen
Dem Ochs und Eselein,
Mach deinen frommen Tieren
So lieblichs Mischgemüs,
Bald, bald, ohn Zeitverlieren
Mach ihn' den Atem süss!

Drauf blaset her, ihr beiden,
Mit süssem Rosenwind,
Ochs, Esel wohl bescheiden,
Und wärmet's nacket Kind.
Ach, blaset her und hauchet,
Ahà, ahà, ahà.

Fort, fort, euch weidlich brauchet,

Ahà, ahà, ahà."[30]

*

Unser Vater im Himmel!
Geheiligt werde dein Name.
Dein Reich komme.
Dein Wille geschehe, wie im Himmel, so auf Erden.
Unser tägliches Brot gib uns heute.
Und vergib uns unsere Schuld,
wie auch wir vergeben unsern Schuldigern.
Und führe uns nicht in Versuchung,
sondern erlöse uns von dem Bösen.
Denn dein ist das Reich und die Kraft
und die Herrlichkeit in Ewigkeit.

Amen.

Das folgende bekannte Weihnachtslied, das wir jetzt singen, stammt ebenfalls von Friedrich von Spee:

„Zu Bethlehem geboren
ist uns ein Kindelein.
Das hab ich auserkoren,
sein Eigen will ich sein.
Eia, eia, sein Eigen will ich sein.

---

30 Karl Otto Conrady (Hg.): Das grosse deutsche Gedichtbuch. Königstein/Ts.: Athenäum Verlag, 1978, S. 70.

In seine Lieb versenken
will ich mich ganz hinab;
mein Herz will ich ihm schenken
und alles, was ich hab.
Eia, eia, und alles was ich hab.

O Kindelein, von Herzen
dich will ich lieben sehr
in Freuden und in Schmerzen,
je länger mehr und mehr.
Eia, eia, je länger mehr und mehr.

Dich, wahren Gott, ich finde
in meinem Fleisch und Blut;
darum ich mich dann binde
an dich mein höchstes Gut.
Eia, eia, an dich, mein höchstes Gut.“[31]

Der Herr segne euch und behüte euch. Der Herr lasse sein Angesicht leuchten über euch und sei euch gnädig. Der Herr erhebe sein Angesicht auf euch und gebe euch Frieden.

Amen.

Und zum Schluss – mitten in der Adventszeit – noch ein überschwänglich fröhliches Osterlied Friedrich von Spees:

[31] Gesangbuch, Nr. 398, 1–4.

„Die ganze Welt, Herr Jesu Christ,
Halleluja, Halleluja,
in deiner Urständ [Auferstehung] fröhlich ist.
Halleluja, Halleluja.

Es singen jetzt die Vögel all,
Halleluja, Halleluja,
jetzt singt und klingt die Nachtigall.
Halleluja, Halleluja.

Der Sonnenschein jetzt kommt herein,
Halleluja, Halleluja,
und gibt der Welt ein' neuen Schein.
Halleluja, Halleluja.

Die ganze Welt, Herr Jesu Christ,
Halleluja, Halleluja,
in deiner Urständ fröhlich ist.
Halleluja, Halleluja.“[32]

[32] Gesangbuch, Nr. 471, 1 und 4–6.

Erinnerung an Jochen Klepper (1903–1942)[33]

Gnade sei mit euch und Friede von Gott, unserem Vater, und unserem Herrn und Bruder, Jesus Christus. „Die Nacht ist vorgerückt, bald wird es Tag."[34] Amen.

Mit diesem Wort aus dem Römerbrief des Apostels Paulus begrüsse ich alle herzlich. In unserem Adventsgottesdienst möchte ich an Jochen Klepper erinnern, an den Dichter eines der hintergründigsten modernen Weihnachtslieder, der unter dem Druck des Naziregimes am 11. Dezember 1942 zusammen mit seiner jüdischen Frau und deren Tochter aus erster Ehe freiwillig in den Tod ging. Sie sahen in dieser Welt keinen Ausweg mehr, vertrauten aber auch in dieser schweren Zeit darauf, dass Gott barmherziger als die Menschen ist. In seiner Gnade suchten sie die letzte Zuflucht.

Lied 361, 1 und 4–6: „O Heiland, reiss die Himmel auf."[35]

Lasst uns beten:

Grosser und barmherziger Gott, in dieser Morgenstunde stehen wir vor dir. Bei dir suchen wir Ruhe und Kraft. Wir stehen dazu, dass unser Glaube oft zerbrechlich ist. Vieles erscheint uns schwer verständlich. Wir begreifen nicht, weshalb die einen viel leiden müssen, während andere das Leben, wie es den Anschein macht, uneingeschränkt geniessen können. Die einen sind erfolglos, während andere von Beifallsstürmen umbrandet werden. Die einen stehen am Rand, während die andern den Mittelpunkt bilden können. Wir bitten dich, lass unsere Zweifel nicht übermächtig werden. Rede du in dieser Stunde selbst zu uns und

33 5. Dezember 2010.
34 Röm 13,12.
35 Vgl. oben S. 19f.

gib uns deinen guten Geist. In der Stille wollen wir dir jetzt anvertrauen, wovon unsere Herzen voll und bewegt sind. ...

Grosser und barmherziger Gott, wir danken dir dafür, dass du auch heute Morgen für uns und für alle da bist. Amen.

*

„Das Volk, das in der Finsternis geht,
hat ein grosses Licht gesehen,
die im Land tiefsten Dunkels leben,
über ihnen ist ein Licht aufgestrahlt.
Du hast die Nation zahlreich werden lassen,
hast die Freude für sie gross gemacht.
Sie haben sich vor dir gefreut,
wie man sich freut in der Erntezeit,
wie man jubelt, wenn man Beute verteilt.
Denn das Joch, das auf ihnen lastet,
und den Stab auf ihrer Schulter,
den Stock dessen, der sie treibt,
hast du zerschmettert wie am Tag Midians.
Denn jeder Stiefel, der dröhnend aufstampft,
und der Mantel, der im Blut geschleift ist,
der wird brennen,
wird ein Frass des Feuers sein.
Denn ein Kind ist uns geboren,
ein Sohn ist uns gegeben,
und auf seine Schulter ist die Herrschaft gekommen.
Und er hat ihm seinen Namen gegeben:

Wunderbarer Ratgeber, Heldengott,
Starker, Friedensfürst.
Die Herrschaft wird grösser und grösser,
und der Friede ist grenzenlos
auf dem Thron Davids
und in seinem Königreich;
er gründet es fest
und stützt es durch Recht und durch Gerechtigkeit,
von nun an für immer.
Dies vollbringt der Eifer des HERRN der Heerscharen.“[36]

*

Liebe Gemeinde!

Es geht um die Erinnerung an Jochen Klepper (1903–1942).[37] Zuerst lese ich sein so besonderes Weihnachtslied, das wir dann auch singen werden:

„Die Nacht ist vorgedrungen,
der Tag ist nicht mehr fern.
So sei nun Lob gesungen
dem hellen Morgenstern.
Auch wer zur Nacht geweinet,
der stimme froh mit ein.
Der Morgenstern bescheinet
auch deine Angst und Pein.

[36] Jes 9,1–9.
[37] Die biographischen Einzelheiten nach: Rita Thalmann: Jochen Klepper. Ein Leben zwischen Idyllen und Katastrophen. München: Chr. Kaiser Verlag, 1977.

Dem alle Engel dienen,
wird nun ein Kind und Knecht.
Gott selber ist erschienen
zur Sühne für sein Recht.
Wer schuldig ist auf Erden,
verhüll nicht mehr sein Haupt.
Er soll errettet werden,
wenn er dem Kinde glaubt.

Die Nacht ist schon im Schwinden,
macht euch zum Stalle auf.
Ihr sollt das Heil dort finden,
das aller Zeiten Lauf
von Anfang an verkündet,
seit eure Schuld geschah.
Nun hat sich euch verbündet,
den Gott selbst ausersah.

Noch manche Nacht wird fallen
auf Menschenleid und -schuld.
Doch wandert nun mit allen
der Stern der Gotteshuld.
Beglänzt von seinem Lichte,
hält euch kein Dunkel mehr;
von Gottes Angesichte
kam euch die Rettung her.

Gott will im Dunkel wohnen
und hat es doch erhellt.
Als wollte er belohnen,
so richtet er die Welt.
Der sich den Erdkreis baute,
der lässt den Sünder nicht.
Wer hier dem Sohn vertraute,
kommt dort aus dem Gericht.“[38]

Ist es nicht ein besonderes Lied? Herb, ohne irgendeine verführerische, aber trügerische Süsse! Und doch strahlt es eine grosse Kraft aus. Bestimmende Grundfarbe ist die Nacht, aber nicht eine hoffnungslose Nacht, sondern eine Nacht, die durch den kommenden Tag begrenzt ist. Bereits leuchtet der Morgenstern am Firmament – als Vorzeichen des Sonnenaufgangs. Der Morgenstern ist Christus, der als Kind in der Nacht in der Krippe liegt. Der Autor, der die alten Kirchenlieder gut kannte, spielt hier auf das berühmte Lied des barocken Dichters Philipp Nicolai an. „Wie schön leuchtet der Morgenstern.“ Im Hintergrund steht das letzte Buch im Neuen Testament, die Offenbarung des Johannes, in der Christus selbst sagt: „Ich bin [...] der glänzende Morgenstern.“[39] Jochen Klepper lebte aus der biblischen und christlichen Überlieferung, gab den traditionellen Bildern aber einen neuen, unverbrauchten Kontext.

Wer war dieser Mann, und wie sah sein Leben aus? Geboren wurde er am 22. März 1903 in einem evangelischen Pfarrhaus in Beuthen an der Oder. Von seiner Herkunft her gehörte er also in jenes ostdeutsche protestantische Milieu, das als Folge des Zweiten Weltkriegs untergegangen ist. Oberschlesien gehört jetzt zu Polen, und es wird dort fast kein Deutsch mehr gesprochen, obwohl unter anderem auch viele unserer berühmtesten Kirchenlieder aus jener Gegend stam-

[38] Gesangbuch, Nr. 372.
[39] Offb 22,16.

men. In Breslau (ebenfalls in Schlesien) begann Klepper mit dem Theologiestudium, erkannte aber bald, dass der Beruf des Pfarrers nicht der richtige für ihn war. Die damals vorherrschende wissenschaftliche Theologie war ihm zu rationalistisch. Er entdeckte aber, dass er gut schreiben konnte. Er wurde Journalist und Mitarbeiter am Radio, das damals noch in seiner Aufbauphase war. Im Jahr 1933 – also dem Jahr der Machtergreifung durch Adolf Hitler – publizierte er seinen ersten Roman: „Der Kahn der fröhlichen Leute". Menschliche Wärme und eine heitere Melodie durchströmen diesen Roman, der von der bunten Mannschaft des entgegen allem Schifferbrauch leuchtend blau gestrichenen Orderkahns „Helene" erzählt. Im Ablauf des Jahres fährt dieser Kahn an den Dörfern und Städten Schlesiens vorbei, an rauchenden Schornsteinen und dunklen Uferwäldern. Der Roman war ein buchhändlerischer Erfolg, weshalb Klepper als freier Schriftsteller leben konnte. Noch bedeutender – und bis heute oft gelesen – sind zwei andere Publikationen, der Roman „Der Vater" über die vielfach verkannte Gestalt König Friedrich Wilhelms I. von Preussen, des sogenannten Soldatenkönigs, der von Klepper auf Grund sorgfältiger Quellenstudien als tief gläubiger evangelischer Christ dargestellt wird, und der schmale Band „Kyrie" mit Kirchenliedern. Man weiss, dass viele dieser Liedtexte während des Zweiten Weltkrieges, als das Buch vergriffen war, von jungen Menschen von Hand abgeschrieben und so weiter verbreitet wurden.

Klepper war ein eher nach innen gekehrter Dichter, politisch konservativ und patriotisch. Und doch geriet er in der Hitlerzeit in immer tiefere Not und Bedrängnis.

Das hing damit zusammen: Im Sommer 1929 wurde er Zimmerherr im Haus der dreizehn Jahre älteren wohlhabenden jüdischen Witwe Hanni Stein. Die beiden verliebten sich und heirateten am 28. März 1931. Hanni Stein brachte zwei

Töchter, Brigitte und Renate, in die Ehe. Das Familienglück schien komplett – wenn dann eben nicht Hitler gekommen wäre!

Nur ganz stichwortartig: Der Ring der Bedrohung zog sich im Verlauf der Dreissiger Jahre immer mehr zusammen. Unter dem Eindruck der sogenannten Reichskristallnacht, dem grossen Pogrom im November 1938, gelang es wenigstens, die ältere Tochter Brigitte nach England in Sicherheit zu bringen. Jochen Klepper und seine Familie waren aber so eingewurzelt deutsch, dass sie viel zu lange zögerten, selbst zu emigrieren. Seine Frau und er konnten sich nicht vorstellen, im Ausland zu leben. Von der jüngeren Tochter Renate wollten sie sich aus menschlich verständlichen Gründen viel zu lange nicht trennen.

Und dann war es auf einmal zu spät. Die Familie des Schweizer Kirchenmusikers Walter Tappolet wäre zwar bereit gewesen, Renate Stein bei sich aufzunehmen. Die Schweizer Fremdenpolizei gestattete es aber nicht. Später hoffte man auf die Möglichkeit, nach Schweden zu reisen. Aber auch hier kam die behördliche Einwilligung viel zu spät. Vor allem Jochen Kleppers Tagebüchern, die unter dem Titel „Unter dem Schatten deiner Flügel" im Jahr 1956 postum herausgegeben wurden, lässt sich entnehmen, wie schrecklich es für jüdische Menschen im damaligen Berlin war – auch für Kleppers Frau und die zurückgebliebene Tochter. Es gab immer neue Schikanen: Juden durften nur noch zu gewissen Tageszeiten einkaufen. Sie durften die öffentlichen Verkehrsmittel nicht mehr benützen (in einer Millionenstadt wie Berlin eine einschneidende Massnahme), am Abend überhaupt nicht ausgehen, keine Theater oder Konzerte besuchen. Die Lebensmittelrationen wurden gekürzt. Kleider durften Juden nicht mehr kaufen. Viele Juden wurden zu Zwangsarbeit in der Rüstungsindustrie verpflichtet – auch die Stieftochter Renate. Der Stundenlohn betrug 50 Pfennig, 75 Pfennig wurden pro Tag für Steuern abgezogen. Judenchristen durften keine Weihnachtskerzen kaufen. Wintersachen, Pelze und Skier mussten abgegeben werden, später sogar Uhren und Ledermappen. Vom Winter 1941/42 an durften Juden weder Mehl noch Brötchen noch Kuchen erhalten. Eine schreckliche Demütigung war der gelbe Judenstern. Auch Häuser, in denen Juden lebten, mussten gekennzeichnet werden. Jüdische Invalide durften sich nicht mehr auf der Strasse zeigen, damit sie mit ihrem gelben Stern kein Mitleid erregten. Der erfolgreiche und angesehene Schriftsteller Klepper wurde mehrfach aufgefordert, sich von seiner Frau scheiden zu lassen, was er standhaft verweigerte.

Am Anfang dieses Gottesdienstes habe ich es schon gesagt: Am 10. Dezember 1942 erfuhr Klepper definitiv – und zwar von Adolf Eichmann persönlich –, dass die Tochter seiner Frau die Ausreisegenehmigung nach Schweden nicht erhielt. Der Deportation von Frau und Stieftochter nach Osten konnte jetzt nicht mehr ausgewichen werden. Sie stand unmittelbar bevor, worauf die ganze Familie freiwillig in den Tod ging. In Kleppers Tagebüchern steht:

> „Wir müssen lernen, dass Gott auch ohne uns wirken kann. Wissen wir, was Gott in uns wirkt, indem er uns zu dieser Zeit Schweigen auferlegt? ... für uns und die in irgendeinem Sinne unsersgleichen sind, heisst es schweigen, tragen, warten; und nicht hoffen auf das Irdische. Im Irdischen kann uns Gott zugrunde gehen lassen; er hat es je und je auch an den Frömmsten getan. Es steht bei ihm, wodurch er wirken will."[40]

Der letzte Tagebucheintrag vom 10. Dezember 1942 lautet:

> „Nachmittags die Verhandlungen auf dem Sicherheitsdienst [d. h. bei Eichmann]. Wir sterben nun auch, auch das steht bei Gott. Wir gehen heute Nacht zusammen in den Tod. Über uns steht in den letzten Stunden

[40] Jochen Klepper: Unter dem Schatten deiner Flügel. Aus den Tagebüchern der Jahre 1932–1942; hg. von Hildegard Klepper. Stuttgart: Deutsche Verlags-Anstalt, 1956; S. 1042.

das Bild des segnenden Christus, der um uns ringt. In dessen Anblick endet unser Leben."[41]

Liebe Gemeinde! Ich denke, es ist unbedingt nötig, dass dieses Schicksal nicht vergessen wird, gerade auch bei uns in der Schweiz, deren Behörden damals so hartherzig waren, dass nicht einmal eine Renate Stein von einer gastfreundlichen Schweizer Familie aufgenommen werden durfte! Am besten ehren wir Jochen Klepper aber, indem wir seine Lieder nicht vergessen – oder überhaupt erst wirklich zur Kenntnis nehmen. Sein Weihnachtslied steht im Kirchengesangbuch.

Bevor wir es in diesem Gottesdienst selbst zu singen versuchen, lese ich zum Schluss dieser kurzen Erinnerung an Jochen Klepper noch eine andere Strophe von ihm vor (ich denke, die meisten kennen sie, da sie in vielen Gottesdiensten gelegentlich Schlusslied gesungen wird):

„Der du allein der Ewge heisst
und Anfang, Ziel und Mitte weisst
im Fluge unsrer Zeiten:
bleib du uns gnädig zugewandt
und führe uns an deiner Hand,
damit wir sicher schreiten.[42]

Ich denke, wir alle sind Jochen Klepper für diese Verse dankbar.

Amen.

[41] Ebenda, S. 1133.
[42] Gesangbuch, Nr. 554, 6.

Der Palmesel aus Steinen im Kanton Schwyz[43]

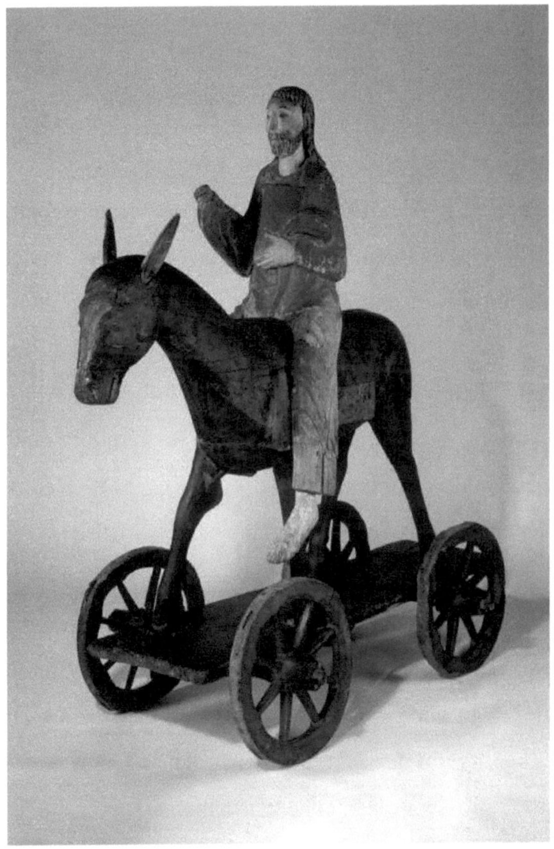

Palmesel (Schweizerisches Nationalmuseum Zürich)

Liebe Gemeinde!

Heute ist Palmsonntag und damit der Beginn der Karwoche. Lassen Sie mich mit Ihnen ein Bild betrachten – den sogenannten Palmesel aus Steinen im Kanton Schwyz, der in Zürich im Landes- bzw. (wie man neuerdings sagt) Nationalmuseum ausgestellt ist.

[43] Palmsonntag 2013.

Eine ganz persönliche Erinnerung verbindet mich mit diesem Bild bzw. mit dieser Skulptur aus Fichten-, Tannen- und Buchenholz. Als Fünft- und Sechstklässler in der Primarschule liebte ich es, am freien Mittwochnachmittag das Landsmuseum hinter dem Zürcher Hauptbahnhof zu durchstöbern. Der Eintritt war frei. Viele Besucherinnen und Besucher gab es damals in der Regel nicht. Mit Neugier und Staunen besichtigte ich den Waffensaal, wo der von einem tödlichen Hieb durchlöcherte Helm und das Schwert Zwinglis betrachtet werden konnten, dazu die Hellebarden, Morgensterne, Kanonen, Fahnen usw. Über Wendeltreppen stieg ich in den Turm. Und immer neu durchwanderte ich die Säle mit der kirchlichen Kunst unten gleich nach dem Eingang. Es grauste mich, wenn ich die geschnitzten Altäre sah, auf denen Heilige das Martyrium erlitten. Und gleich am Anfang der Palmesel aus Steinen im Kanton Schwyz! Er ist kein grosses Kunstwerk im klassischen Sinn. Und doch gehört er zu den kostbarsten Ausstellungsstücken, auf die das Museum bis heute stolz ist.

Wie ich jetzt weiss, wird er auf die Mitte des 11. Jahrhunderts datiert. Während Jahrhunderten verwendete man ihn jeweils am Palmsonntag für eine Prozession. Aus alten Quellen geht hervor, dass dieser Brauch weit verbreitet war. Etwa in Augsburg stand bereits um das Jahr 1000 ein solcher Esel in der Kirche St. Ulrich und Afra. Eine grosse Volksmenge war dabei, wenn er durch die Stadt zum Dom gezogen wurde, anderthalb Kilometer weit. Die biblische Geschichte wurde so lebendig. Die Menschen hatten grüne Zweige in den Händen. Man legte Kleidungsstücke auf die Strasse. Die Begeisterung war riesig.

Aus anderen Quellen weiss man, dass die meisten besonders in Süddeutschland und in der Schweiz vorhandenen Palmesel den Bilderstürmen der Reformation zum Opfer fielen. In Jonschwil im unteren Toggenburg wurde die Christusfigur unter dem Johlen der Menge heruntergerissen. Ein frecher junger Mann setzte sich dann selbst auf den Esel und liess sich herumfahren. (Die Legende erzählt, dass der junge Mann von diesem Moment an nicht mehr richtig gehen konnte.) Anderswo stellte man die Figur auf einen Brunnenrand, gab der Christusfigur eine Angelrute in die Hand. Jetzt könne Jesus fischen! Am Bodensee wurde ein anderer Palmesel ins Wasser gestürzt. Es ist dies ein wenig sympathischer Zug der Reformation. – Aber auch in katholischen Gegenden wurde der Brauch vergessen. Der Palmesel entsprach nicht mehr dem modernen Geschmack. Derjenige von Steinen im Kanton Schwyz (der älteste, der erhalten geblieben ist) wurde auf den Estrich der Dorfkirche verbannt. Hier wurde er vergessen und verstaubte. Als 1898 das Landesmuseum eingeweiht wurde, verkauften die Katholiken von Steinen die Figur für billiges Geld. Und jetzt steht sie also im Landesmuseum hinter dem Hauptbahnhof in Zürich.

Liebe Gemeinde, bereits als Kind hat diese Figur mich fasziniert, und heute sogar noch mehr. Sie bewegt und rührt mich. Wie bereits gesagt: Sie gehört nicht zu den grossen Kunstwerken der europäischen Kunst wie etwa der David von Michelangelo in Florenz. Der Palmesel ist eher unbeholfen, Volkskunst und nicht hohe Kunst, wohl von einem lokalen Handwerker hergestellt, ein religiöser Gebrauchsgegenstand. Aber ich denke, der unbekannte Hersteller hat ganz Wichtiges getroffen.

Vergleichen Sie den Palmesel mit der Reiterstatue des römischen Kaiser Marcus Aurelius in Rom. Eine Kopie steht auf dem Kapitol, während man das Original vor einigen Jahren zum Schutz vor dem sauren Regen in einem Museum aufgestellt hat. Das ist grosse Kunst! Sie repräsentiert den Machtanspruch der römischen Kaiser, die die ganze damalige Welt beherrschten und sich die besten Künstler leisten konnten. Jesus auf dem Esel ist dagegen eine harmlose, bescheidene, geradezu hilflose und schwächliche Figur.

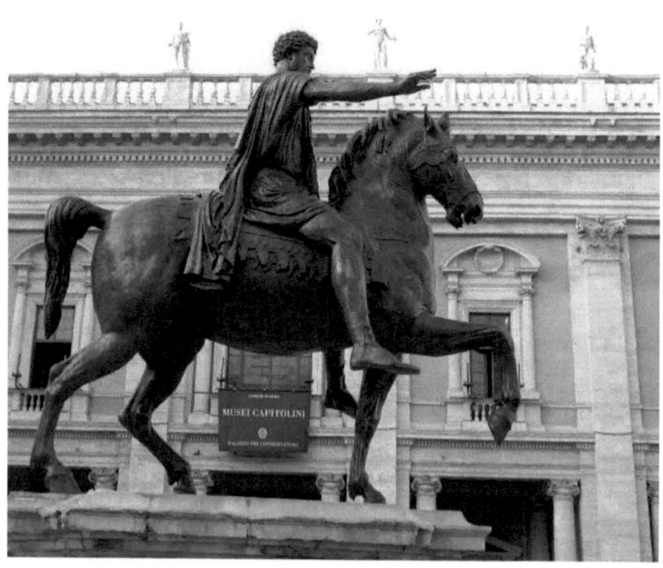

Marcus Aurelius auf dem Kapitol in Rom

Es verhält sich mit der Geschichte vom Palmsonntag gleich wie mit der Weihnachtsgeschichte in Lukas 2. Auf der einen Seite steht der Kaiser Augustus, der befiehlt, dass die ganze Welt sich einschätzen lassen soll. Und auf der andern Seite liegt das wehrlose Kind in der Krippe. Aber von diesem sagt der Engel, dass es der Retter der ganzen Welt sei. Ohne es zu wollen, muss der Kaiser bei der Geburt dieses Kindes dienen.

Die Geschichte vom Mann auf dem Esel steht in einer uralten biblischen Tradition. Die Erzväter, allen voran Abraham, pflegten auf Eseln zu reiten. Und auch David, der grösste König im alten Israel, benützte dieses anspruchslose Reittier.

Erst sein Sohn Salomo schaffte Pferde an, die er als das damals modernste Mittel einer militärischen Hochrüstung aus Ägypten importierte, was die Bibel mit Stirnrunzeln erzählt.

Und in diesem Zusammenhang ist nun das Messiasbild äusserst bemerkenswert, das das Buch des Propheten Sacharja entwirft.

„Juble laut, Tochter Zion,
  jauchze, Tochter Jerusalem,
sieh, dein König kommt zu dir,
  gerecht und siegreich ist er,
demütig und auf einem Esel reitend,
  auf einem Fohlen, einem Eselsfohlen.
Und ich werde die Streitwagen ausrotten in Efraim
  und die Pferde in Jerusalem.
Und der Kriegsbogen wird ausgerottet.
  Und er verheisst den Nationen Frieden.
Und seine Herrschaft reicht von Meer zu Meer
  und vom Strom bis an die Enden der Erde.“[44]

Das Bild dieses Reiters auf einem Esel, der den Frieden bringt, ist ein Gegenentwurf zu den Herrscherbildern, wie sie in der antiken Welt verbreitet waren (und streng genommen auch noch heute). Der Gott, der diesen Eselsreiter als Messias schickt, ist nicht gewalttätig, sondern sanft. Er hat Geduld. Er vergewaltigt die Menschen nicht, sondern er wirbt um sie. „Kommt zu mir, all ihr Geplagten und Beladenen: Ich will euch erquicken. Nehmt mein Joch auf euch und lernt von mir, denn ich bin sanft und demütig; und ihr werdet Ruhe finden für eure Seele. Denn mein Joch drückt nicht, und meine Last ist leicht.“[45] Es passt dies zur Stelle in der Bergpredigt: „Selig [die Sanftmütigen bzw.] die Gewaltlosen; sie werden das Land erben.“[46] Und andere Stellen – ebenfalls in der Bergpredigt – schliessen sich hier an:

---

[44] Sach 9,9–10.
[45] Mt 11,28–30.
[46] Mt 5,5.

> „Ich aber sage euch: Leistet dem, der Böses tut, keinen Widerstand! Nein! Wenn dich einer auf die rechte Backe schlägt, dann halte ihm auch die andere hin. Und wenn dich einer vor Gericht ziehen will, um dein Gewand zu nehmen, dann lass ihm auch den Mantel. Und wenn dich einer nötigt, eine Meile mitzugehen, dann geh mit ihm zwei. Gib dem, der dich bittet, und wende dich nicht ab von dem, der von dir borgen will!"[47]

> „Ich aber sage euch: Liebt eure Feinde und betet für die, die euch verfolgen, so werdet ihr Söhne und Töchter eures Vaters im Himmel; denn er lässt seine Sonne aufgehen über Böse und Gute und lässt regnen über Gerechte und Ungerechte."[48]

Man kann auch an die Szene von der Verhaftung Jesu im Garten Getsemani im Matthäusevangelium erinnern:

> „Da hob einer von denen, die mit Jesus waren, seine Hand und zog sein Schwert, schlug nach dem Knecht des Hohen Priesters und hieb ihm das Ohr ab. Da sagt Jesus zu ihm: Steck dein Schwert an seinen Ort! Denn alle, die zum Schwert greifen, werden durch das Schwert umkommen."[49]

Ich möchte hier eine Zwischenbemerkung einschalten: Ich habe vorhin im Vorbeigehen Zwinglis durchlöcherten Helm erwähnt, der im Landesmuseum ausgestellt ist. Lange haben ihn die Luzerner triumphierend als Kriegsbeute gezeigt und erst 1848 zum Zeichen der eidgenössischen Aussöhnung den Zürchern zurückerstattet. Wäre manches in der Schweizergeschichte nicht friedlicher verlaufen, wenn der Zürcher Reformator das eben zitierte Jesuswort ernster genommen hätte?

---

[47] Mt 5,39–42.
[48] Mt 5,44–45.
[49] Mt 26,51-52.

Aber zurück zu meinem eigentlichen Thema, dem Palmesel aus Steinen im Kanton Schwyz! Liebe Gemeinde, ich denke, es ist schade, dass die Bilderstürmer in der Reformationszeit so wenig Verständnis für und Respekt vor derartige Skulpturen hatten. Und bedauerlich ist es auch, dass die Steiner Katholiken ihren Esel auf den Estrich ihrer Kirche verbannten und am Ende sogar verkauften.

Dieser Palmesel ist eine aus Holz geschnitzte Predigt und ruft alle dazu auf, den Weg der Demut und der Gewaltlosigkeit zu beschreiten. Eine Gesellschaft, die sich dies mindestens annäherungsweise zu Herzen nimmt, wird menschlicher, d.h. humaner. Der Blick auf unsere Gegenwart zeigt: Es ist verhängnisvoll, wenn Gewalt und Gegengewalt die Welt beherrschen. Es gilt dies im Kleinen – auch in unseren Familien – und im Grossen, etwa – um nur ein einziges Beispiel zu nennen (andere können Sie sich selber machen) – im Konflikt zwischen Israel und den Palästinensern. Die einen schiessen mit Raketen, und die andern bombardieren zurück. Und jede Partei redet sich damit heraus, dass die andere angefangen habe. Eine Spirale der Gewalt, die alles immer schlimmer werden lässt!

Lassen Sie mich meine Predigt für heute schliessen. Ich denke, dass der kunsthistorisch betrachtet eher etwas unbeholfene und deshalb besonders rührende Palmesel aus Steinen im Kanton Schwyz selber zu uns spricht. Unsere Welt kann wohnlicher werden, wenn wir auf diese geschnitzte Predigt hören. Amen.

Viermal Jesus am Kreuz – Karfreitag[50]

Liebe Gemeinde! In diesem Gottesdienst möchte ich Sie zu einem imaginären Rundgang durch ein ebenfalls imaginäres kleines Museum einladen. Es geht um Darstellungen der Kreuzigung Jesu aus fast zwei Jahrtausenden. In der europäischen Kunstgeschichte gibt es kein Thema, das so häufig vorkommt – von der Zeit um das Jahr 200 bis in die Gegenwart. Jesu Tod am Kreuz hat die Kunstschaffenden immer neu herausgefordert. Sie haben darüber meditiert und ihm immer neue Nuancen abgewonnen.

Bei meiner kleinen Exkursion gehe ich nicht chronologisch vor, nicht die Zeitgerade entlang. Die Geschichte der europäischen Kunst ist keine Fortschrittsgeschichte. Jede Epoche steht, wenn man es so sagen will, unmittelbar zu Gott. Jede Darstellung des Kreuzes Jesu, und sei sich noch so alt oder neu, spricht uns direkt an. Das Thema ist unerschöpflich. Alle Darstellungen des Kreuzes Jesu zeigen etwas Wichtiges, verschweigen zugleich aber andere Aspekte. Von verschiedenen Seiten weisen sie auf das unergründliche Geheimnis des Todes Jesu hin – und damit auf das unergründliche Geheimnis Jesu selbst. Ich bin dankbar dafür, dass Jesu Tod am Kreuz die Kunstschaffenden und andere immer neu angeregt hat.

Doch zur Sache selbst! Die erste noch erhaltene Darstellung der Kreuzigung Jesu entstand um das Jahr 200 und wurde im 19. Jahrhundert bei Ausgrabungen auf dem Palatin in Rom gefunden, an der Stelle des ehemaligen Kaiserpalastes, und zwar in den Ruinen des Wachlokals der kaiserlichen Garde. Es ist nicht ein Kunstwerk im engeren Sinn, sondern eine Wandkritzelei, eine Karikatur. Man sieht ein Kreuz, an dem ein Esel hängt. Und daneben steht in orthographisch fehlerhafter Sprache ziemlich unbeholfen: „Alexamenos betet seinen Gott an."

---

[50] 2. April 2010.

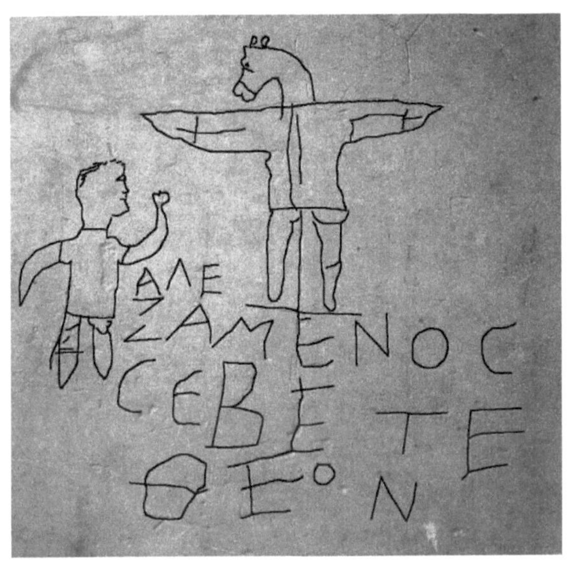

Wandkritzelei auf dem Platin in Rom

Nachdem die Kritzelei entdeckt wurde, hat man über ihre Bedeutung debattiert, und man kam zum Schluss: Alexamenos muss ein römischer Soldat gewesen sein, ein Mitglied der kaiserlichen Garde. Und er war ein Christ. Einer seiner Kameraden verspottete ihn deswegen. Eine Religion, in deren Mittelpunkt ein Gekreuzigter steht, sei doch eine Eselei. Deshalb der Esel, der am Kreuz hängt!

Mehr wissen wir über die Geschichte nicht. Ich denke aber, es ist genug. Die Karikatur mit dem gekreuzigten Esel macht deutlich, wie provozierend und geradezu unmöglich der christliche Glaube auf Aussenstehende und Nichtgläubige in den ersten Generationen der Christentumsgeschichte wirkte. Was soll denn das, ein Gott am Kreuz? Die Kreuzigung war eine nicht nur besonders grausame, sondern auch besonders entehrende Form der Hinrichtung. Nur Nichtrömer und Sklaven wurden so bestraft. Ein besonders schreckliches Beispiel wurde uns vom jüdischen Schriftsteller Flavius Josephus überliefert: Im Jahr 4 vor Christus starb König Herodes der Grosse. Unruhen brachen in Palästina aus. Statthalter Quintilius Varus marschierte mit drei Legionen – also mit 18 000 Berufssoldaten – in der nachmaligen Heimat Jesu ein und liess völlig willkürlich etwa 2000 Juden kreuzigen. Jeder Einzelne starb allein und qualvoll. So wurde dem Volk gesagt, wer der Herr im Land sei.

Ein Kreuz war etwas Grässliches. Wie konnte man an einen glauben, ihn als Herrn bekennen, der gekreuzigt worden war? Noch einmal: „Alexamenos betet seinen Gott an.“ Und daneben ein Esel an einem Kreuz! Die Karikatur bringt es drastisch auf den Punkt, wie im Christentum die in den Weltreligionen gängigen Gottesvorstellungen auf den Kopf gestellt werden. Auch der Apostel Paulus nahm das wahr, wenn er den Korinthern schrieb:

> „Denn das Wort vom Kreuz ist Torheit […] Während die Juden Zeichen fordern und die Griechen Weisheit suchen, verkündigen wir Christus den Gekreuzigten – für die Juden ein Ärgernis, für die Heiden eine Torheit […].“[51]

*

Ich komme zu einem anderen Bild. Und zwar springe ich ins 20. Jahrhundert. Ein am Kreuz hängender, äusserst abgemagerter Christus ist mit den folgenden Besonderheiten abgebildet: Das Gesicht ist durch eine Gasmaske verdeckt. An den Füssen befinden sich Soldatenstiefel, durch die die Kreuzesnägel getrieben sind. In der ans Kreuz genagelten linken Hand hält er zusätzlich ein weiteres Kreuz, wie wenn man ihn noch mehr verspotten wollte.

---

[51] 1Kor 1,18–23.

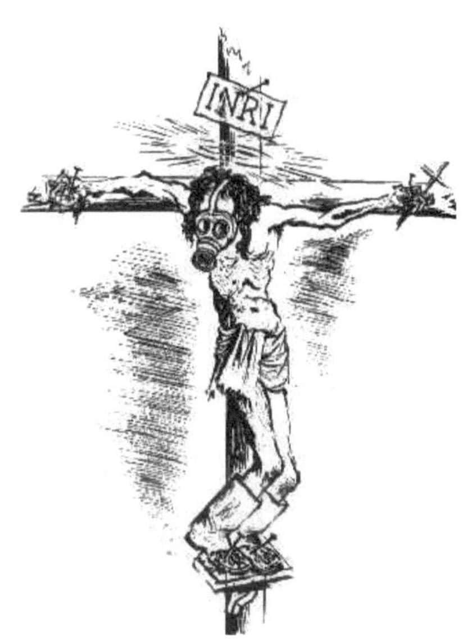

George Grosz: Christus mit der Gasmaske (1928)[52]

Ähnlich wie die Kritzelei vom gekreuzigten Esel auf dem Palatin in Rom ist auch dieses Bild eine Karikatur. 1927, als es neu war (es war die Hintergrundprojektion zu einem Bühnenbild), erregte es in Deutschland einen Skandal und brachte dem Künstler (er heisst George Grosz) eine Anklage wegen Gotteslästerung ein. Erst nachdem er die Verurteilung über fünf Instanzen weitergezogen hatte, erreichte er drei Jahre später mühsam einen Freispruch. Im Ersten Weltkrieg war erstmals in grossem Stil Gas als Waffe eingesetzt worden. Mit dem Bild wollte Grosz gegen den Krieg protestieren, und auch dagegen, dass die politisch Herrschenden Jesus oft missbrauchen. Wenn man wissenschaftliche Werke über die Kriegspredigten im Ersten Weltkrieg liest, ist man entsetzt darüber, wie Christentum und Nationalismus oft miteinander vermischt wurden. Der schreckliche Ausruf „Gott strafe England!“ war häufig zu hören. Auf den Gürtelschnallen der deutschen Soldaten stand: „Gott mit uns.“ Auf der französischen und englischen Gegenseite sah es nicht besser aus. Der Gekreuzigte mit

[52] © 2013, ProLitteris, Zurich.

der Gasmaske war als Protestbild gemeint und wirkte dann auch so. Man kann nicht im Ernst an Christus glauben, an ihn, der am Kreuz gestorben ist, und zugleich ein Kriegstreiber sein. Gerade weil das Bild „Christus mit der Gasmaske“ von George Grosz so schockierend ist, gibt es zu denken.

*

Wir setzen unseren imaginären Spaziergang fort, und fahren nach Colmar im Elsass. Das ehemalige Dominikanerinnenkloster Unterlinden beherbergt den weltberühmten Isenheimer Altar von Mathias Grünewald. Er entstand in den Jahren 1513–15, und zwar für das Antoniterkloster in Isenheim, wo er für die Kapelle des angegliederten Spitals bestimmt war. Kranke wurden zu Beginn ihrer medizinischen Behandlung vor diesen Altar geführt. Sie meditierten über das, was sie sahen, um dabei eine geistige Kräftigung zu erfahren. Die körperlichen Schmerzen sollten schwinden oder wenigstens erträglicher werden.

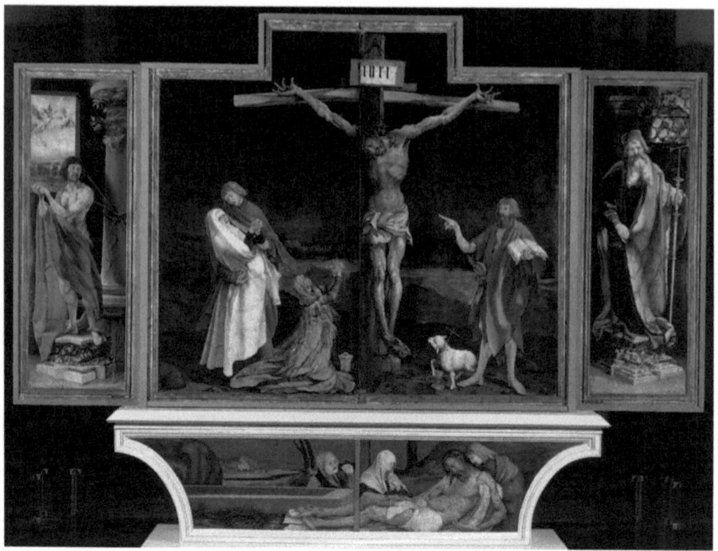

Matthias Grünewald: Isenheimer Altar (1506–1515)

Ich vermute, Sie alle kennen diesen Jesus. In äusserster Sterbensnot hängt er am Kreuz. Seine Hände sind verkrampft. Den Kopf hat er zur Seite geneigt. Seine Lippen sind blau verfärbt. Vielleicht ist sogar schon tot. Der Körper ist von oben bis unten mit Wundmalen übersät. Der Hintergrund ist dunkelgrau bis schwarz. Links steht die Gruppe von Maria, der Mutter Jesu, Maria Magdalena und Johannes, dem Lieblingsjünger. Alle sind verzweifelt. Rechts erkennt man Johannes den Täufer, der mit unnatürlich langem Zeigefinger auf Jesus hinweist. „Jener muss grösser werden, ich aber geringer“, steht in goldenen Buchstaben auf Lateinisch da, ein Zitat aus dem Johannesevangelium (3,30), wo Johannes der Täufer auch noch einen anderen bedeutungsschweren Satz sagt: „Seht, das Lamm Gottes, das die Sünde der Welt hinwegnimmt.“ (1,29.)

Keine Geringeren als die grossen evangelischen Theologen Karl Barth und Rudolf Bultmann haben die Darstellung der Kreuzigung Jesu auf dem Isenheimer Altar überaus geschätzt, mehrfach darüber geschrieben und selbst regelmässig darüber meditiert. Eine Reproduktion des Bildes hängt bis zum heutigen Tag (auf Wunsch zugänglich) im Studierzimmer Karl Barths auf dem Bruderholz in Basel. Obschon das Leiden Christi nicht handgreiflicher und erschreckender gemalt werden könnte, soll das Bild nicht etwa abschrecken und entmutigen, sondern aufrichten. Denken wir an das Wort aus Jesaja 53, das wir in der Schriftlesung hörten: „Durch seine Wunden haben wir Heilung erfahren.“ (Jesaja 53,5.) Es ist diese tiefe Glaubensaussage, die der Altar von Isenheim uns zuruft.

*

Unser viertes und für heute letztes Bild findet man noch einmal in Rom, und zwar in der Kirche San Clemente, einer der interessantesten Kirchen der Stadt, da sie über einem alten Mithrasheiligtum gebaut ist, ein Beispiel dafür, wie sich das Christentum als eine neue Religion gegenüber einer älteren durchgesetzt hat.

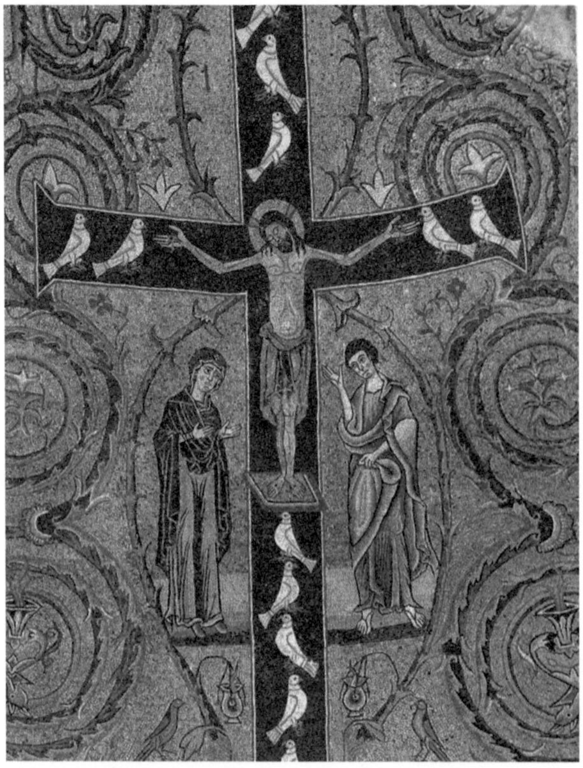

San Clemente in Rom (12. oder 13. Jahrhundert)

Wenn man den Innenraum betritt, erblickt man vorn ein riesiges, mehrheitlich in Goldtönen gehaltenes Mosaik, das in seiner heutigen Form aus dem Frühmittelalter stammt, aber ältere Vorbilder hat. Im Zentrum steht der Berg des Paradieses. Vier Ströme gehen davon aus, an denen Hirsche sich erlaben. Und zuoberst steht der Baum des Lebens. Dieser lädt alle ein, Obst von seinem reichen Rankenwerk zu pflücken. Aber dieser Lebensbaum ist zugleich das Kreuz. Jesus hängt daran. Links steht Maria, seine Mutter, und rechts sein Lieblingsjünger, Johannes, genau wie das Johannesevangelium es erzählt. Und was nun das Besondere ist: Es ist nicht ein schreckliches, sondern ein liebliches und zauberhaftes Bild. Weisse Tauben sitzen auf dem Kreuz. Das Kreuz ist hier ein Zeichen von Heil und Frieden. Der gekreuzigte Jesus beschenkt die ganze Welt mit Leben.

So heisst es in einem relativ modernen Kirchenlied mit einer alten Tradition im Hintergrund:

> „Holz auf Jesu Schulter,
> von der Welt verflucht,
> ward zum Baum des Lebens
> und bringt gute Frucht. [...]
>
> Hart auf deiner Schulter
> Lag das Kreuz, o Herr,
> ward zum Baum des Lebens,
> ist von Früchten schwer."[53]

Genau das ist es, was auch das Mosaik in San Clemente aussagt.

Liebe Gemeinde, und damit stehen wir am Schluss unserer kleinen Exkursion. Zuerst der Esel am Kreuz, dann „Christus mit der Gasmaske", dann der Isenheimer Altar und zuletzt der wunderbare Lebensbaum von San Clemente. Lassen wir alles in uns weiterwirken, bewegen wir es in unseren Herzen!

Allen wünsche ich einen besinnlichen Karfreitag und dann frohe Ostern. Amen.

---

[53] Gesangbuch, Nr. 451,1 und 6. (Jürgen Henkys [1975] nach dem niederländischen „Met de boom des levens" von Willem Barnard [1963].)

Paul Gerhardts „Sommergesang“[54]

> „Darum sage ich euch: Sorgt euch nicht um euer Leben, was ihr essen werdet, noch um euren Leib, was ihr anziehen werdet. Ist nicht das Leben mehr als die Nahrung und der Leib mehr als die Kleidung? Schaut auf die Vögel des Himmels: Sie säen nicht, sie ernten nicht, sie sammeln nicht in Scheunen – euer himmlischer Vater ernährt sie. Seid ihr nicht mehr wert als sie? Wer von euch vermag durch Sorgen seiner Lebenszeit auch nur eine Elle hinzuzufügen? Und was sorgt ihr euch um die Kleidung? Lernt von den Lilien auf dem Feld, wie sie wachsen: Sie arbeiten nicht und spinnen nicht, ich sage euch aber: Selbst Salomo in all seiner Pracht war nicht gekleidet wie eine von ihnen. Wenn Gott aber das Gras des Feldes, das heute steht und morgen in den Ofen geworfen wird, so kleidet, wie viel mehr dann euch, ihr Kleingläubigen! Sorgt euch also nicht und sagt nicht: Was werden wir essen? Oder: Was werden wir trinken? Oder: Was werden wir anziehen? Denn um all das kümmern sich die Heiden. Euer himmlischer Vater weiss nämlich, dass ihr das alles braucht. Trachtet vielmehr zuerst nach seinem Reich und seiner Gerechtigkeit, dann wird euch das alles dazugegeben werden. Sorgt euch also nicht um den morgigen Tag, denn der morgige Tag wird für sich selber sorgen. Jeder Tag hat genug an seiner eigenen Last.“[55]

Liebe Gemeinde! „Geh aus, mein Herz, und suche Freud / in dieser lieben Sommerzeit ... .“ Ich denke, die meisten von Ihnen kennen dieses Lied, Paul Gerhardts – wie er ihn nannte – „Sommergesang“. Über dieses Kirchenlied, das zum Volkslied wurde, möchte ich mich heute mit Ihnen zusammen freuen.

---

[54] 28. Juni 2012. (Nach einer Radiopredigt am 3. August 2003.)

[55] Mt 6,25-34.

Doch vorher ein trauriges Kapitel:[56] An Ostern 1637 – Paul Gerhardt ist dreissig Jahre alt – wird Gräfenhainichen, des Dichters Heimatort unweit von Wittenberg, eine Kleinstadt mit ungefähr tausend Einwohnerinnen und Einwohnern, von einem schwedischen Heer geplündert. Es herrscht der Krieg, der als der Dreissigjährige in die Geschichte eingegangen ist. 166 Wohnhäuser, 167 Ställe, 59 Scheunen werden verbrannt – ebenso die Kirche, das Schloss, die Schule und das Pfarrhaus.

Und eine weitere Vorbemerkung: Paul Gerhardt war glücklich verheiratet. Seine Frau gebar fünf Kinder. Die erstgeborene Tochter Maria Elisabeth starb mit acht Monaten. „Wenig und böse ist die Zeit meines Lebens“,[57] ist der Bibelspruch, den der Vater auf der Gedenktafel eingravieren liess. Die zweite Tochter, Anna Katharina, wurde vierzehn Monate alt. Das dritte Kind, Andreas, lebte nur eine ganz kurze Zeit. Gleich steht es mit dem zuletzt geborenen Kind, Andreas Christian, der mit sieben Monaten starb. Einzig der Sohn Paul Friedrich erreichte das Erwachsenenalter. Eine hohe Kindersterblichkeit – und oft auch der Tod der Mütter während oder kurz nach der Geburt – war bis ins 19. Jahrhundert weit verbreitet.

Und eine dritte Vorbemerkung: Friedrich Wilhelm von Brandenburg, der als der Grosse Kurfürst berühmt geworden ist, war darum bemüht, ein einheitliches Staatswesen im Sinne des Absolutismus aufzubauen. Er regierte auch in die Kirche hinein und erliess Vorschriften, die das Glaubensbekenntnis betrafen. Paul Gerhardt war einer der bekanntesten Pfarrer in Berlin. Freiwillig verzichtete er auf seine hoch angesehene Stelle und wechselte in eine wenig attraktive Kleinstadt. „Man muss Gott mehr gehorchen als den Menschen.“[58] Gerhardt hat also

[56] Zum Biographischen vgl. Christian Bunners: Paul Gerhardt. Weg – Werk – Wirkung. München und Berlin: Buchverlag Union, 1994.
[57] Gen 47,9 (Lutherbibel von 1912).
[58] Apg 5,29.

Widerstand – gewaltlosen Widerstand – gegen eine in seinen Augen ungerechte Obrigkeit geleistet.

Auf diesem Hintergrund kann man manche Verse des barocken Dichters besser verstehen – etwa gerade zum zuletzt genannten Punkt. In einem seiner fröhlichsten Lieder heisst es:

> „Verlasse sich ja keiner
> auf Fürsten Macht und Gunst,
> weil sie wie unsereiner
> nichts sind als nur ein Dunst.“[59]

Das war starker Tobak!

Der Hintergrund des Dreissigjährigen Kriegs klingt mehrfach in den Liedern Paul Gerhardts an:

> „Erhebe dich und steure
> dem Herzleid auf der Erd,
> bring wieder und erneure
> die Wohlfahrt deiner Herd.
> Lass blühen wie zuvor
> die Länder, so verheeret,
> die Kirchen, so zerstöret
> durch Krieg und Feuerzorn.“[60]

---

[59] Nach: Paul Gerhardt: Geistliche Andachten [1667]. Samt den übrigen Liedern und den lateinischen Gedichten herausgegeben von Friedhelm Kemp. Mit einem Beitrag von Walter Blankenburg. Bern und München: Francke Verlag, 1975, S. 246. Orthographie modernisiert. (Die Verse kommen in den heutigen Gesangbüchern nicht vor.)
[60] Gesangbuch, Nr. 508,8.

Oder:

„Schliess zu die Jammerpforten
und lass an allen Orten
auf so viel Blutvergiessen
die Friedensströme fliessen.“[61]

Denken Sie auch an Paul Gerhardts Morgenlied, das er „Morgensegen“ nannte! Für viele möglicherweise überraschend wird hier das Thema Vergänglichkeit angeschnitten:

„Menschliches Wesen,
was ist's? Gewesen!
In einer Stunde
geht es zu Grunde,
sobald die Lüfte
des Todes dreinwehn.
Alles in allen
muss brechen und fallen;
Himmel und Erden,
die müssen das werden,
was sie gewesen
vor ihrem Bestehn.

Alles vergehet [...].“[62]

Es wurde schon gesagt, zwischen Martin Luther und Johann Wolfgang von Goethe gebe es in der ganzen deutschen Literatur keine genialeren Verse. Wenn es

[61] Gesangbuch, Nr. 548,10.
[62] Gesangbuch, 1998, Nr. 571,7–8.

dann tröstlich weiter geht, so stehen dahinter gleichzeitig eine tiefe Leiderfahrung und ein in der Bibel fest fundierter Glaube.

Noch einmal:

> „Alles vergehet, [und so lautet die Fortsetzung:]
> Gott aber stehet
> ohn alles Wanken;
> seine Gedanken,
> sein Wort und Wille
> hat ewigen Grund.
> Sein Heil und Gnaden,
> die nehmen nicht Schaden,
> heilen im Herzen
> die tödlichen Schmerzen,
> halten uns zeitlich
> und ewig gesund.“[63]

Die Strophen zeigen, dass das Gotteslob für Paul Gerhardt keineswegs selbstverständlich war. Er musste es sich gegen alle vordergründige Lebenserfahrung abringen, gegen seine Schmerzen anschreiben. Und ganz ähnlich verhält es sich mit seinem so herrlichen „Sommergesang“ „Geh aus, mein Herz, und suche Freud“.[64] Auch hier schwingt teilweise Leiderfahrung mit. Von „dieses Leibes Joch“ ist die Rede. Und besonders auffällig ist: Der Dichter kann sich zwar fast nicht satt sehen an der sommerlichen Landschaft mit ihren Blumen, Bäumen, Tieren. Und doch streckt er seine Hände voller Sehnsucht nach dem überirdischen Jenseits aus: „O wär ich da, o stünd ich schon, / du reicher Gott, vor deinem Thron ...“

---

[63] Ebenda.
[64] Gesangbuch, Nr. 537. Hier auch die weiteren Zitate.

Diese für die meisten heute lebenden Menschen wohl eher fremden Verse kann man nur nachvollziehen, wenn man einiges über die raue und enttäuschungsreiche Lebensgeschichte des Dichters weiss. Paul Gerhardt hat sich seinen Pflichten in diesem irdischen Leben trotzdem nicht entzogen. Ich habe erwähnt, wie tapfer und mutig er dem Grossen Kurfürsten widersprach und persönliche Opfer brachte. Durchaus folgerichtig betet er in seinem „Sommergesang“:

„Mach in mir deinem Geiste Raum,
dass ich dir werd ein guter Baum,
und lass mich Wurzel treiben;
verleihe, dass zu deinem Ruhm
ich deines Gartens schöne Blum
und Pflanze möge bleiben.“

Hier in dieser irdischen und oft keineswegs immer einfachen Wirklichkeit möchte er also Wurzel schlagen und zu einem guten Baum heranwachsen, zu einem Baum, der bis zu einem gewissen Grad auch den Stürmen des Lebens trotzt und der nicht schnell klein beigibt.

Ich hatte mir eigentlich vorgenommen, mitten im Hochsommer nicht eine kopflastige Predigt zu halten. Ich möchte alle vielmehr herzlich dazu einladen, sich über Paul Gerhardts herrliches Lied einfach zu freuen und es zu meditieren. Zum Schluss möchte ich deshalb von den Anfangsstrophen ganz schlicht einige vorlesen – ohne weiteren Kommentar. Vorerst aber noch ein paar Verstehenshilfen:

Wenn Sie das Lied im Gesangbuch nachlesen, achten Sie darauf, dass es symmetrisch gebaut ist: zuerst sieben irdische und dann sieben auf das Jenseits, auf das Göttliche, bezogenen Strophen – und in der Mitte in der achten Strophe das Ich des Dichters:

„Ich selber kann und mag nicht ruhn:
Des grossen Gottes grosses Tun
erweckt mir alle Sinnen;
ich singe mit, wenn alles singt […].“

Diese Strophe ist das Zentrum.

Und noch etwas: Manche kennen vielleicht die Kathedrale in St. Gallen, eines der grossartigsten Beispiele des süddeutschen Barocks, Weltkulturerbe der UNESCO (oder eine andere, ähnliche barocke Kirche). Dort in der Mitte ist die grosse Kuppel, die die Gemeinde in einem beinahe buchstäblichen Sinn dazu einlädt, in den Himmel zu blicken. Man erblickt die heilige Dreieinigkeit, Maria, zahlreiche Engel und Heilige. Derartige bildliche Darstellungen sind den Protestanten eher fremd. Aber Paul Gerhardts „Sommergesang“ ist in seinem zweiten Teil gewissermassen ein evangelisches Pendant zu einer so ausgemalten Kuppel. Auch hier wird in den Himmel geblickt:

„Welch hohe Lust, welch heller Schein
wird wohl in Christi Garten sein;
wie muss es da wohl klingen,
da so viel tausend Seraphim
mit unverdrossnem Mund und Stimm
ihr Halleluja singen?“

In der katholischen Kathedrale als Bild, im evangelischen Kirchengesangbuch als Lied – inhaltlich aber gar nicht weit von einander entfernt, gewissermassen eine frühe Form von Ökumene. Das Gemeinsame der christlichen Kirchen ist offenbar eben doch viel wichtiger als das, was die Konfessionen trennt. Das gibt – und zwar in einem erfreulichen Sinn – zu denken.

Doch jetzt möchte ich aus den Anfangsstrophen von Paul Gerhardts „Sommergesang“ einige Verse – wie ich hoffe: zu unser aller Freude – lesen:

> „Geh aus, mein Herz, und suche Freud
> in dieser lieben Sommerzeit
> an deines Gottes Gaben;
> schau an der schönen Gärten Zier
> und siehe, wie sie mir und dir
> sich ausgeschmücket haben. [...]
>
> Die Lerche schwingt sich die in die Luft,
> das Täublein fliegt aus seiner Kluft
> und macht sich in die Wälder;
> die hochbegabte Nachtigall
> ergötzt und füllt mir ihrem Schall
> Berg, Hügel, Tal und Felder. [...]
>
> Der Weizen wächset mit Gewalt;
> darüber jauchzet jung und alt
> und rühmt die grosse Güte
> des, der so überfliessend labt
> und mit so manchem Gut begabt
> das menschliche Gemüte.

Ich selber kann und mag nicht ruhn:
Des grossen Gottes grosses Tun
erweckt mir alle Sinnen;
ich singe mit, wenn alles singt,
und lasse, was dem Höchsten klingt,
aus meinem Herzen rinnen.“

Amen.

Kunstgottesdienst über des Bild „Berglandschaft mit Felsblöcken und See“ Alexandre Calames (1810–1864)[65]

„HERR, mein Gott, du bist so gross.
In Hoheit und Pracht bist du gekleidet,
  der du dich hüllst in Licht wie in einen Mantel,
der den Himmel ausspannt wie ein Zelt,
  der im Wasser seine Gemächer baut,
der Wolken zu seinem Wagen macht,
  auf Flügeln des Sturms dahinfährt.“[66] Amen.

Mit diesen Anfangsworten von Psalm 104 begrüsse ich alle herzlich. Es geht heute – wenn ich so sagen darf – um einen Kunstgottesdienst.

Im Zentrum steht ein Bild des Schweizer Malers Alexandre Calame. Deshalb dieses Psalmwort, in dem es um die Schönheit der Schöpfung geht.

Lasst uns vorerst singen:

„Himmel, Erde, Luft und Meer
zeugen von des Schöpfers Ehr.
Meine Seele, singe du
und bring auch dein Lob herzu.

Seht das grosse Sonnenlicht,
wie es durch die Wolken bricht.
Auch der Mond, der Sterne Pracht
jauchzen Gott bei stiller Nacht.

---

[65] 6. Mai 2012.
[66] Ps 104,1–3.

Seht, wie Gott der Erde Ball
hat gezieret überall.
Wälder, Felder, jedes Tier
zeigen Gottes Finger hier.

Seht, wie fliegt der Vögel Schar
in den Lüften Paar bei Paar.
Donner, Blitz, Schnee, Regen, Wind
seines Willens Diener sind.

Seht der Wasserwellen Lauf,
wie sie steigen ab und auf.
Von der Quelle bis zum Meer
rauschen sie des Schöpfers Ehr.[67]

Lasst uns beten:

Grosser Gott, du rufst uns freundlich und gütig zu dir und verheissest uns deine unendliche Barmherzigkeit, die du uns in Jesus Christus offenbart hast. Wir danken dir dafür und bitten dich: Hilf, dass auch wir uns dir ganz zu eigen geben. Lass uns auf dein Wort merken. Hilf, dass wir glauben können. Dein guter und heiliger Geist leite uns. In der Stille möchten wir dir anvertrauen, wovon unser Herz erfüllt und bewegt, geängstigt oder erfreut ist. ...

Grosser Gott, du kennst uns besser, als wir uns selber kennen. Wir danken dir dafür, dass du für uns und für alle da bist. Amen.

*

---

[67] Gesangbuch, Nr. 530,1–5. (Joachim Neander.)

„Und im vierhundertachtzigsten Jahr nach dem Auszug der Israeliten aus dem Land Ägypten, im vierten Jahr der Königsherrschaft Salomos über Israel, im Monat Siw – das ist der zweite Monat – baute er das Haus für den HERRN. [...]

Und so baute Salomo das Haus und vollendete es. Und im Inneren des Hauses verkleidete er die Mauern mit Brettern aus Zedernholz; vom Boden des Hauses bis an das Mauerwerk, das die Decke trug, vertäfelte er das Haus innen, und den Boden des Hauses belegte er mit Brettern aus Wacholderholz. Und mit Brettern aus Zedernholz baute er einen Abschnitt von zwanzig Ellen aus, von der Hinterseite des Hauses her, vom Boden des Hauses bis an das Mauerwerk, und diesen baute er für das Haus in dessen Inneren zu einem hinteren Raum aus, zum Allerheiligsten. Und das Haus, der Hauptraum in seiner Erstreckung nach vorne, war vierzig Ellen lang. Und das Zedernholz für das Innere des Hauses war mit kürbisförmigen und blütenkelchförmigen Schnitzereien versehen; alles war aus Zedernholz, kein Stein war zu sehen. Und im Inneren des Hauses errichtete er einen hinteren Raum, um die Lade des Bundes des HERRN dort hineinzustellen. Und der hintere Raum hatte eine Länge von zwanzig Ellen, eine Breite von zwanzig Ellen, und auch seine Höhe betrug zwanzig Ellen, und er überzog ihn mit Feingold. Auch den Zedernholzaltar überzog er. Und im Inneren kleidete Salomo das Haus mit Feingold aus, und vor dem hinteren Raum spannte er Ketten aus Gold, und alles überzog er mit Gold. Das ganze Haus kleidete er mit Gold aus, das ganze Haus, bis in den letzten Winkel, und auch den ganzen Altar, der im hinteren Raum stand, überzog er mit Gold. Und für den hinteren Raum machte er zwei Kerubim aus Ölbaumholz, ihre Höhe betrug zehn Ellen. Und fünf Ellen mass der eine Flügel des Kerubs und fünf Ellen der andere Flügel des Kerubs; zehn Ellen waren es vom einen Ende seiner Flügel bis zum anderen Ende seiner Flügel. Und zehn Ellen mass auch der zweite Kerub; beide Kerubim hatten dasselbe Mass und dieselbe Gestalt. Die Höhe des einen Kerubs war zehn Ellen, und ebenso gross war der andere Kerub. Und er stellte die Kerubim ins Innere des Hauses, und die Kerubim breiteten ihre Flügel aus, und der Flügel des einen berührte die eine Wand, während der Flügel des zweiten Kerubs die andere Wand berührte, in der Mitte des Hauses aber berührten sich ihre Flügel, ein Flügel den anderen Flügel. Und er überzog die Kerubim mit Gold. Und alle Wände des Hauses versah er rundum mit Schnitzereien, mit geschnitzten Verzierungen, Kerubim, Palmen und Blütenkelchen, im Inneren und auch aussen. Und auch den Boden des Hauses überzog er mit Gold, im Inneren und auch aussen. […]

Im vierten Jahr war das Fundament für das Haus des HERRN gelegt, im Monat Siw, und im elften Jahr, im Monat Bul – das war der achte Monat – war das Haus vollendet in allen seinen Teilen und in allem, was dazu gehörte. Und so hat er sieben Jahre lang daran gebaut.“[68]

*

Liebe Gemeinde!

Dass ich als Schriftlesung die Darstellung der Tempelausstattung in Jerusalem wählte, hat damit zu tun, dass wir hier etwas über die Bedeutung der Künste erfahren. Der Tempel in Jerusalem sollte eine Augenweide sein, weil gemäss der hier vertretenden Sicht das Wahre, das Gute und das Schöne eng zusammengehören. Wer das Wahre und das Gute liebt und dafür eintritt, darf auch das Schöne nicht verachten. Ganz im Gegenteil: Auch das Schöne, Musik, Architektur,

[68] Aus 1Kön 6.

Malerei und Bildhauerei können uns zum Göttlichen und Heiligen führen. Deshalb dieser – wie ich ihn nenne – Kunstgottesdienst. Nachdem ich schon bei anderen Gelegenheiten ein Bild als Predigtthema wählte, geht es heute um eine Landschaft von Alexandre Calame. Dieser Schweizer Maler ist heute nicht mehr allgemein bekannt. Und doch wurde er in der Mitte des 19. Jahrhunderts mehr als viele andere geschätzt. Sein Markenzeichen war die Landschaftsmalerei. Berühmt wurde er mit der Darstellung eines Gewitters im Berner Oberland, das er 1839 in Paris ausstellte und das Furore machte. Seither findet man seine Gemälde in allen grossen Museen, von New York über Berlin bis nach St. Petersburg. Als Königin Viktoria von England mit ihrem Gemahl das Berner Oberland besuchte (das Grandhotel Viktoria Regina in Interlaken erinnert bis heute daran), erwarb auch sie Gemälde Calames.

Doch jetzt zum Bild, das heute zur Debatte steht:

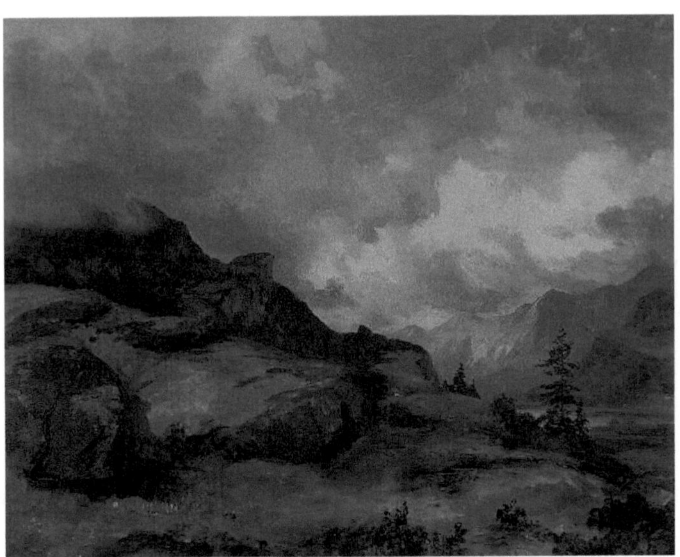

Alexandre Calame (1810–1864): Berglandschaft mit Felsblöcken und See[69]

[69] Privatsammlung Schweiz.

Lassen Sie mich vom Maler zuerst erzählen. – Geboren wurde er 1810 in Vevey am Genfersee. Sein Vater war Steinmetz. Er begann mit der Ausbildung als kaufmännischer Lehrling auf einer Bank. Doch früh erkannte man seine künstlerische Begabung. Unter anderem wurde er Schüler des berühmten Genfer Malers François Diday. Schon bald konnte Calame von seiner Malerei leben, da viele Reisende aus ganz Europa seine Landschaften gern als Andenken an ihre Schweizer Reise kauften.

Calame war also erfolgreich, und doch ist seine Biographie von verschiedenen Schatten durchwoben. Zunächst hatte er schon früh durch einen Unfall eines seiner Augen verloren. Er sah also nur eindimensional, ausgerechnet er, der in seinen Bildern die Natur in ihrer Vieldimensionalität darstellte! Noch gravierender war, dass er in jungen Jahren an Tuberkulose erkrankte. Das Wandern in den von ihm geliebten Bergen machte ihm Mühe. Oft hielt er sich in einem für ihn angenehmeren Klima im Süden auf. 1864 ist er nur 54-jährig bei einem Kuraufenthalt am Mittelmeer gestorben.

Doch zu unserem Bild! Es ist ein Spätwerk, kein Museumsstück, sondern eine Ölskizze auf Papier, relativ schnell entworfen in der freien Natur. Er brauchte solche Skizzen, um im Atelier anschliessend seine grossen Gemälde auszuarbeiten. Vom Skizzenhaften und Fragmentarischen des uns vorliegenden Bildes geht jedoch ein besonderer Reiz aus. Wir erhalten hier Einblick in des Künstlers Werkstatt.

Schauen wir es an: Die Landschaft im Vordergrund ist nur ganz provisorisch gemalt. Der Berg links oben wirkt düster und bedrohlich. Rechts unter der Mitte ahnt man einen See, allerdings fast verdeckt von einem Nadelbaum. Das Entscheidende ist der Himmel. Oben links sieht man Regen- oder Gewitterwolken. Oben rechts ist der Himmel strahlend blau. Und unter diesem – wenn ich sagen darf – Fenster sind die Wolken strahlend weiss. „Und das Licht scheint in der Finsternis", aus dem ersten Kapitels des Johannesevangeliums (1,5) kommt mir hier in den Sinn. Das Licht bricht aus der Dunkelheit hervor.

Ich erinnere hier an andere Abschnitte in der Bibel:

> „Da sprach Gott: Es werde Licht! Und es wurde Licht."[70]
>
> „Der HERR ist mein Licht und meine Rettung,
> vor wem sollte ich mich fürchten?"[71]
>
> „Denn bei dir ist die Quelle des Lebens,
> in deinem Licht schauen wir das Licht."[72]
>
> „Das Volk, das in der Finsternis geht,
> hat ein grosses Licht gesehen,
> die im Land tiefsten Dunkels leben,
> über ihnen ist ein Licht aufgestrahlt."[73]
>
> „Ein andermal sagte Jesus zu ihnen: Ich bin das Licht der Welt. Wer mir folgt, wird nicht in der Finsternis umhergehen, sondern das Licht des Lebens haben."[74]
>
> „Das ist die Botschaft, die wir von ihm gehört haben und euch verkündigen: Gott ist Licht, und Finsternis ist keine in ihm."[75]

---

70 Gen 1,3.
71 Ps 27,1.
72 Ps 36,10.
73 Jes 9,1.
74 Joh 8,12.
75 1Joh 1,5.

Es ist dies nur eine winzige Auswahl von Bibelstellen, die belegen können, wie wichtig im Alten und im Neuen Testament der Ausdruck „Licht“ ist.

Liebe Gemeinde! Vielleicht fragen Sie: „Hat das etwas mit dem Bild Alexandre Calames zu tun?“ Ich denke, schon. Die Genfer Kunsthistorikerin Valentina Anker hat nicht nur die Bilder, sondern auch die Biographie Calames minutiös erforscht. Unter anderem zeigt sie auf, dass Calame stark von der reformierten Tradition – besonders auch von Calvin – geprägt war. „Als inbrünstiger und unbeirrbarer Calvinist umgab er sein Werk mit einem metaphysischen Hauch.“[76] So formulierte es Valentina Anker. Das heisst, so genau Calame die Natur beobachtete, so wenig ging es ihm in seinen Bildern darum, die Natur einfach zu imitieren. Die Natur war ein Gleichnis für ihn. Es ging um den Kampf zwischen dem Guten und dem Bösen, zwischen dem Göttlichen und dem, was diesem widersteht, wobei das Göttliche – und das ist die entscheidende Botschaft dieser Bilder – den Sieg davon trägt.

Das Wichtigste in dieser Berglandschaft ist derjenige Teil der Bewölkung in der Mitte rechts, wo die Wolken in einem strahlenden, geradezu blendenden oder gleissenden Weiss gemalt sind. Fast ist man gezwungen, die Augen zuzukneifen. So stark ist das Sonnenlicht, das daran ist, das Finstere und Bedrohliche ins Nichts aufzulösen! „Die Strahlen der Sonne vertreiben die Nacht“, wie es in Mozarts „Zauberflöte“ triumphierend ganz am Schluss heisst. Es wird hell in einer Welt, die kurz zuvor von Wolken und Nebelschwaden beinahe ganz verhüllt war.

Da wir in unserer Kultur (anders als in der Hebräischen und der Arabischen) von links nach rechts schreiben, müssen auch schriftlose Bilder von links nach rechts gelesen werden. Das heisst, eine Geschichte wird erzählt. Man kann diese Ge-

[76] Anker, Valentina: Calame, Alexandre, in: Historisches Lexikon der Schweiz, http://www.hls-dhs-dss.ch/textes/d/D21996.php (18. Oktober 2013).

schichte mit dem bereits zitierten Vers Johannes 1,5 „Und das Licht scheint in der Finsternis" vergleichen oder mit dem 1. Johannesbrief: „Gott ist Licht, und Finsternis ist keine in ihm."

Als guter Calvinist wusste Calame gut, dass man Gott nicht malen kann. „[...] der da wohnt in einem Licht, da niemand zukommen kann, welchen kein Mensch gesehen hat noch sehen kann", wie es in der alten Lutherübersetzung von 1912 steht.[77] Deshalb hat Calame in seinen Gemälden das Göttliche nur indirekt gemalt. Das Landschaftsbild, das wir heute betrachten, ist mehr und etwas anderes als einfach ein Souvenir für Touristen. Es hat Gleichnischarakter und möchte Hinweis auf die Transzendenz sein.

Ich schliesse meine Predigt mit einem Abschnitt aus einem Brief Alexandre Calames, den er am Montag, den 18. August 1851, wohl an seine Frau adressierte:

> „Nichts lässt sich mit der Grossartigkeit dieser Landschaft vergleichen, die von einer schönen Sonne beleuchtet wird. Nichts erhebt die Seele mehr als die Betrachtung dieser schneebedeckten Gipfel, dieser hohen Spitzen, wenn man in diesen unendlichen Einsamkeiten – allein mit Gott – an die Kleinheit des Menschen denkt und an seine Torheit. Die ganze Erde erzählt vom Lichtglanz des starken Gottes. Und seine unendliche Macht und Güte offenbaren sich gleicherweise in einem Grashalm oder in einem Insekt, das unser Auge kaum wahrnehmen kann, wie auch in den gewaltigsten Werken der Schöpfung. Doch die Seele wird noch lebendiger bewegt im Angesicht dieser riesigen Felsenbrocken, die die Hand Gottes aufgetürmt hat. Umso mehr fühlt man sich von seiner unwiderstehlichen Macht überwältigt."[78]

[77] 1Tim 6,16.

[78] Valentina Anker: Alexandre Calame. Vie et oeuvre. Catalogue raisonné de l'oeuvre peint. Fribourg (Suisse): Office du Livre, 1987, S. 77. Übersetzung von F. J.

Zu dieser Briefstelle möchte ich weiter nichts hinzufügen als das Wörtlein „Amen“.

Literaturgottesdienst zum 250. Geburtstag Johann Peter Hebels (1760–1826)[79]

Liebe Gemeinde, zu diesem besonderen Gottesdienst begrüsse ich alle herzlich. Vielleicht haben Sie es in einer Zeitung gelesen oder anderswo gehört: In diesem Jahr wird der 250. Geburtstag von Johann Peter Hebel gefeiert. Er war von Beruf Theologe und wurde in seiner zweiten Lebenshälfte Leiter der Kirche im damaligen Grossherzogtum Baden. Bleibenden Ruhm erlangte er als Dichter der Alemannischen Gedichte und als Herausgeber des Rheinischen Hausfreunds, eines Kalenders, zu dem er viele Texte beitrug. Wenn nicht alles täuscht, waren die Predigten, die er hielt, eher langweilig und trocken. Das Evangelium verkündete er durch seine schriftstellerische Tätigkeit. Und deshalb möchte ich in diesem Gottesdienst an ihn erinnern. Statt Texten aus der Bibel hören wir seine Texte, die aber von biblischem Geist tief durchtränkt sind. – Zuerst ganz kurz zur Einstimmung Zeilen aus seinem Neujahreslied, das eine grosse Weisheit ausstrahlt:

> „Mit der Freude zieht der Schmerz traulich durch die Zeiten.
> Schwere Stürme, milde Weste,
> bange Sorgen, frohe Feste
> wandeln sich zur Seiten.
>
> Gebe denn, der über uns wägt mit rechter Waage,
> jedem Sinn für seine Freuden,
> jedem Mut für seine Leiden
> in die neuen Tage,

[79] 15. August 2010.

jedem auf des Lebens Pfad einen Freund zur Seite,
ein zufriedenes Gemüte
und zu stiller Herzensgüte
Hoffnung ins Geleite!"[80]

Statt einer Schriftlesung hören wir die vielleicht tiefsinnigste Kalendergeschichte Johann Peter Hebels:

„Kannitverstan

Der Mensch hat wohl täglich Gelegenheit, in Emmendingen und Gundelfingen so gut als in Amsterdam Betrachtungen über den Unbestand aller irdischen Dinge anzustellen, wenn er will, und zufrieden zu werden mit seinem Schicksal, wenn auch nicht viel gebratene Tauben für ihn in der Luft herumfliegen. Aber auf dem seltsamsten Umweg kam ein deutscher Handwerksbursche in Amsterdam durch den Irrtum zur Wahrheit und zu ihrer Erkenntnis. Denn als er in diese grosse und reiche Handelsstadt voll prächtiger Häuser, wogender Schiffe und geschäftiger Menschen gekommen war, fiel ihm sogleich ein grosses und schönes Haus in die Augen, wie er auf seiner ganzen Wanderschaft von Tuttlingen bis nach Amsterdam noch keines erlebt hatte. Lange betrachtete er mit Verwunderung dies kostbare Gebäude, die sechs Kamine auf dem Dach, die schönen Gesimse und die hohen Fenster, grösser als an des Vaters Haus daheim die Tür. Endlich konnte er sich nicht entbrechen, einen Vorübergehenden anzureden. ‚Guter Freund', redete er ihn an, ‚könnt Ihr mir nicht sagen, wie der Herr heisst, dem dieses wunderschöne Haus gehört mit den Fenstern voll Tulipanen, Sternenblumen und Levkojen?' – Der Mann aber, der vermutlich etwas Wichtigeres zu tun hatte und zum Un-

[80] Johann Peter Hebels Werke I. Zweite, durchgesehene Auflage. Freiburg i. Br.: Rombach & Co. [Atlantis Verlag], o. J., S. 233.

glück geradeso viel von der deutschen Sprache verstand als der Fragende von der holländischen, nämlich nichts, sagte kurz und schnauzig: ‚Kannitverstan', und schnurrte vorüber. Dies war nur ein holländisches Wort oder drei, wenn man's recht betrachtet, und heisst auf Deutsch soviel als: Ich kann Euch nicht verstehn. Aber der gute Fremdling glaubte, es sei der Name des Mannes, nach dem er gefragt hatte. Das muss ein grundreicher Mann sein, der Herr Kannitverstan, dachte er und ging weiter.

Gass aus, Gass ein kam er endlich an den Meerbusen, der da heisst: Het Ei, oder auf deutsch: das Ypsilon. Da stand nun Schiff an Schiff und Mastbaum an Mastbaum, und er wusste anfänglich nicht, wie er es mit seinen zwei einzigen Augen durchfechten werde, alle diese Merkwürdigkeiten genug zu sehen und zu betrachten, bis endlich ein grosses Schiff seine Aufmerksamkeit an sich zog, das vor kurzem aus Ostindien angelangt war und jetzt eben ausgeladen wurde. Schon standen ganze Reihen von Kisten und Ballen auf- und nebeneinander am Lande. Noch immer wurden mehrere herausgewälzt und Fässer voll Zucker und Kaffee, voll Reis und Pfeffer und salveni [Entschuldigung!] Mausdreck darunter. Als er aber lange zugesehen hatte, fragte er endlich einen, der eben eine Kiste auf der Achsel heraustrug, wie der glückliche Mann heisse, dem das Meer alle diese Waren an das Land bringe. ‚Kannitverstan', war die Antwort. Da dacht er: Haha, schaut's da heraus? Kein Wunder, wem das Meer solche Reichtümer an das Land schwemmt, der hat gut solche Häuser in die Welt stellen und solcherlei Tulipanen vor die Fenster in vergoldeten Scherben.

Jetzt ging er wieder zurück und stellte eine recht traurige Betrachtung bei sich selbst an, was er für ein armer Teufel sei unter so viel reichen Leuten in der Welt. Aber als er eben dachte: Wenn ich's doch nur auch einmal so gut bekäme, wie dieser Herr Kannitverstan es hat, kam er um eine Ecke und erblickte einen grossen Leichenzug. Vier schwarz vermummte Pferde zogen einen ebenfalls schwarz überzogenen Leichenwagen langsam und traurig, als ob sie wüssten, dass sie einen Toten in seine Ruhe führten. Ein langer Zug von Freunden und Bekannten des Verstorbenen folgte nach, Paar und Paar, verhüllt in schwarze Mäntel und stumm. In der Ferne läutete ein einsames Glöcklein. Jetzt ergriff unsern Fremdling ein wehmütiges Gefühl, das an keinem guten Menschen vorübergeht, wenn er eine Leiche sieht, und blieb mit dem Hut in den Händen andächtig stehen, bis alles vorüber war. Doch machte er sich an den letzten vom Zug, der eben in der Stille ausrechnete, was er an seiner Baumwolle gewinnen könnte, wenn der Zentner um 10 Gulden aufschlüge, ergriff ihn sachte am Mantel und bat ihn treuherzig um Exküse. ‚Das muss wohl auch ein guter Freund von Euch gewesen sein', sagte er, ‚dem das Glöcklein läutet, dass Ihr so betrübt und nachdenklich mitgeht.' ‚Kannitverstan!' war die Antwort. Da fielen unserm guten Tuttlinger ein paar grosse Tränen aus den Augen, und es ward ihm auf einmal schwer und wieder leicht ums Herz. ‚Armer Kannitverstan', rief er aus, ‚was hast du nun von allem deinem Reichtum? Was ich einst von meiner Armut auch bekomme: ein Totenkleid und ein Leintuch und von allen deinen schönen Blumen vielleicht einen Rosmarin auf die kalte Brust oder eine Raute.' Mit diesem Gedanken begleitete er die Leiche, als wenn er dazu gehörte, bis ans Grab, sah den vermeinten Herrn Kannitverstan hinabsenken in seine Ruhestätte und ward von der holländischen Leichenpredigt, von der er kein Wort verstand, mehr gerührt als von mancher deutschen, auf die er nicht achtgab.

Endlich ging er leichten Herzens mit den andern wieder fort, verzehrte in einer Herberge, wo man Deutsch verstand, mit gutem Appetit ein Stück

Limburger Käse, und wenn es ihm wieder einmal schwer fallen wollte, dass so viele Leute in der Welt so reich seien und er so arm, so dachte er nur an den Herrn Kannitverstan in Amsterdam, an sein grosses Haus, an sein reiches Schiff und an sein enges Grab."[81]

*

Liebe Gemeinde, an Stelle einer Predigt lesen ich heute aus den Alemannischen Gedichten Johann Peter Hebels. Ich hoffe, dass auch Sie wie ich über diese literarischen Schmuckstücke hoch erfreut sind.

„Ne G'sang in Ehre,
wer wills verwehre?
Singt's Thierli nit in Hurst und Nast,
der Engel nit im Sterne-Glast?
e freie frohe Muth, e gsund und frölich Blut
goht über Geld und Gut.

Ne Trunk in Ehre,
wer will's verwehre?
Trinkt's Blüemli nit si Morgethau?
Trinkt nit der Vogt si Schöppli au?
Und wer am Werchtig schafft,
dem bringt der Rebesaft
am Suntig neui Chraft.

Ne Chuss in Ehre,
wer will's verwehre?

[81] Johann Peter Hebels Werke II. Zweite, durchgesehene Auflage. Freiburg i. Br.: Rombach & Co. [Atlantis Verlag], o. J., S. 13–126.

Chüsst's Blüemli nit si Schwesterli,
und 's Sternli chüsst si Nöchberli?
In Ehre, hani gseit,
und in der Unschuld G'leit,
mit Zucht und Sittsemkeit.

Ne freudig Stündli,
ischs nit e Fündli?
Jez hemmers und iez simmer do;
es chunnt e Zit, würds anderst goh.
Is währt alles churzi Zit,
der Chilchhof isch nit wit.
Wer weiss, wer bal dört lit?

Wenn d'Glocke schalle,
wer hilftis alle?
0 gebis Gott e sanfte Tod!
e rüeihig Gwisse gebis Gott,
wenn d'Sunn am Himmel lacht,
wenn alles blizt und chracht,
und in der lezte Nacht!"[82]

*

Und jetzt aus dem Gedicht „Der Wegweiser" mit seinem berühmten letzten Vers „[...] und 's sin no Sachen ehne dra":

[82] Johann Peter Hebels Werke I. Zweite, durchgesehene Auflage. Freiburg i. Br.: Rombach & Co. [Atlantis Verlag], o. J., S.43f.

„Weisch, wo der Weg zum Mehlfass isch,
zum volle Fass? Im Morgeroth
mit Pflug und Charst dur's Weizefeld,
bis Stern und Stern am Himmel stoht.

Me hackt, so lang der Tag eim hilft,
me lueg nit um, und blibt nit stoh;
druf goht der Weg dur's Schüre-Tenn
der Chuchi zue, do hemmer's io!

[...] Wo isch der Weg zur Sunntig-Freud?
Gang ohni Gfohr im Werchtig no
dur d'Werkstatt und dur 's Ackerfeld!
der Sunntig wird scho selber cho.

Am Samstig isch er nümme wit.
Was deckt er echt im Chörbli zue?
Denkwohl e Pfündli Fleisch ins Gmües,
's cha sy, ne Schöpli Wi derzu.

[...] Wo isch der Weg zu Fried und Ehr,
der Weg zum guten Alter echt?
Grad fürsi goht's in Mässigkeit
mit stillem Sinn in Pflicht und Recht.

Und wenn de amme Chrützweg stohsch,
und nümme weisch, wo's ane goht,
halt still, und frog di Gwisse z'erst,
's cha dütsch, Gottlob, und folg si'm Roth.

Wo mag der Weg zum Chilchhof sy?
Was frogsch no lang? Gang, wo de witt!
Zum stille Grab im chüele Grund
führt jede Weg, und 's fehlt si nit.

Doch wandle du in Gottis-Furcht!
i roth der, was i rothe cha.
Sel Plätzli het e gheimi Thür,
und 's sin no Sachen ehne dra."[83]

*

Fast immer in Johann Peter Hebels Texten geht es auch um die Vergänglichkeit, aber auch – und das ist noch wichtiger – um den Hinweis auf einen ganz Anderen, der vor und jenseits der Todesgrenze für uns und alle da ist. So verhält es sich auch im Gedicht „Wächterruf", in dem ein Nachwächter regelmässig seine Runde macht:

"Loset, was i euch will sage!
D'Glocke het ***Zehni*** gschlage.
Jez betet und iez göhnt ins Bett,
und wer e rüeihig G'wisse het,
schloft sanft und wohl! Im Himmel wacht
e heiter Aug die ganzi Nacht.

Loset, was i euch will sage!
D'Glocke het ***Oelfi*** gschlage.
Und wer no an der Arbet schwizt,

[83] Ebenda, S. 146f.

und wer no by de Charte sizt,
dem bieti iez zum leztemol, -
's isch hochi Zit - und schlofet wohl!

Loset, was i euch will sage!
D'Glocke het ***Zwölfi*** gschlage.
Und wo no in der Mitternacht
e Gmüeth in Schmerz und Chummer wacht,
se geb der Gott e rüeihige Stund,
und mach di wieder froh und gsund!

Loset, was i euch will sage!
D'Glocke het ***Eis*** gschlage.
Und wo mit Satans G'heiss und Roth
e Dieb uf dunkle Pfade goht,
- i wills nit hoffen, aber gschiehts –
gang heim! Der himmlisch Richter sieht's.

Loset, was i euch will sage!
D'Glocke het ***Zwey*** gschlage.
Und wem scho wieder, eb's no tagt,
Die schweri Sorg am Herze nagt,
du arme Tropf, di Schlof isch hi'!
Gott sorgt! Es wär nit nöthig gsi.

Loset, was i euch will sage!
D'Glocke het ***Drü*** gschlage.
Die Morgestund am Himmel schwebt,
und wer im Friede der Tag erlebt,

dank Gott, und fass e frohe Mueth,
und gang ans G'schäft, und - halt di guet!"[84]

*

Mögen Sie noch ein Gedicht? Ich hoffe, Ja, denn jedenfalls ich könnte fast süchtig werden von den Alemannischen Gedichten. Zuletzt deshalb, auch wenn jetzt Sommer ist, Hebels Wintergedicht, das ganz subtil von einer grossen Zuversicht geprägt ist:

„Der Winter

Isch echt do obe Bauwele feil?
Sie schütten eim e redli Theil
in d'Gärten aben un ufs Hus;
es schneit doch au, es isch e Gruus;
und 's hangt no menge Wage voll
am Himmel obe, merki wol.

Und wo ne Ma vo witem lauft,
so het er vo der Bauwele gchauft;
er treit si uf der Achsle no,
und uffem Hut, und lauft dervo.

Was laufsch denn so, du närsche Ma?
De wirsch sie doch nit gstohle ha?

[84] Ebenda, S. 92.

Und Gärten ab, und Gärten uf,
hen alli Scheie[85] Chäpli uf.
Sie stöhn wie grossi Here do;
sie meine 's heigs sust niemes so.
Der Nussbaum het doch au si Sach
und 's Here Hus und 's Chilche-Dach.

Und wo me luegt, isch Schnee und Schnee,
me sieht ke Stross un Fuess-Weg meh.
Meng Soome-Chörnli, chlei und zart,
lit unterm Bode wohl verwahrt,
und schnei's, so lang es schneie mag,
es wartet uf si Ostertag.

Meng Summer-Vögli schöner Art
lit unterm Bode wohl verwahrt;
es het kei Chummer un kei Chlag
und wartet uf si Ostertag;
un gangs au lang, er chunnt emol,
un sieder schlofts, und 's isch em wohl.

Doch wenn im Frühlig 's Schwälmli singt
und d'Sunne-Wärmi abe dringt,
Potz tausig, wacht's in iedem Grab,
und streift si Todte-Hemdli ab.
Wo nummen au ne Löchli isch,
schlieft 's Leben use, jung und frisch. –

[85] Scheie (Schwäbisch) = Scheune.

Do fliegt e hungrig Spätzli her!
e Brösli Brod wär si Begehr.
Es luegt ein so erbärmli a;
's het sieder nechte nüt meh gha.
Gell Bürstli, sell isch anderi Zit,
wenn 's Chorn in alle Fuhre lit?

Do hesch! Loss andern au dervo!
Bisch hungerig, chasch wieder cho! –
's muss wohr sy, wie 's e Sprüchli git:'
‚Sie seihe nit, und ernde nit;
sie hen kei Pflug, und hen kei Joch,
und Gott im Himmel nährt si doch.'"[86]

Amen.

[86] Ebenda, S. 87f.

Literaturgottesdienst zu Matthias Claudius (1740–1815)[87]

„Der Mensch lebt und bestehet
Nur eine kleine Zeit;
Und alle Welt vergehet
Mit ihrer Herrlichkeit.
Es ist nur Einer ewig und an allen Enden,
Und wir in Seinen Händen."[88] Amen.

Die Verse, mit denen ich unseren Gottesdienst eingeleitet habe, stammen von Matthias Claudius (1740–1815). Alle kennen ihn als Dichter des Abendlieds „Der Mond ist aufgegangen", das wir abschliessend auch singen werden. Aber auch andere seiner Texte geben zu denken, ein kostbares Vermächtnis.

Es gibt heute keine Predigt, nur Lesungen. Aber singen und beten wollen wir auch, zunächst ein Lied, ebenfalls von Claudius:

„Wir pflügen, und wir streuen
den Samen auf das Land,
doch Wachstum und Gedeihen
steht in des Himmels Hand:
der tut mit leisem Wehen
sich mild und heimlich auf
und träuft, wenn heim wir gehen,
Wuchs und Gedeihen drauf.
Alle gute Gabe kommt her von Gott dem Herrn,
drum dankt ihm, dankt, drum dankt ihm, dankt und hofft auf ihn!

[87] 9. Juni 2013.
[88] Matthias Claudius: Sämtliche Werke. Gedichte, Prosa, Briefe in Auswahl. München: Emil Vollmer Verlag, o. J., S. 183. Fortan abgekürzt mit: Claudius.

Er sendet Tau und Regen
und Sonn- und Mondenschein,
er wickelt seinen Segen
gar zart und künstlich ein
und bringt ihn dann behende
in unser Feld und Brot:
es geht durch unsre Hände,
kommt aber her von Gott.
Alle gute Gabe kommt her von Gott dem Herrn,
drum dankt ihm, dankt, drum dankt ihm, dankt und hofft auf ihn!

Was nah ist und was ferne,
von Gott kommt alles her,
der Strohhalm und die Sterne,
der Sperling und das Meer.
Von ihm sind Büsch und Blätter
und Korn und Obst von ihm,
das schöne Frühlingswetter
und Schnee und Ungestüm.
Alle gute Gabe kommt her von Gott dem Herrn,
drum dankt ihm, dankt, drum dankt ihm, dankt und hofft auf ihn!

Er lässt die Sonn aufgehen,
er stellt des Mondes Lauf;
er lässt die Winde wehen
und tut den Himmel auf.
Er schenkt uns so viel Freude,
er macht uns frisch und rot;

er gibt den Kühen Weide
und unsern Kindern Brot.
Alle gute Gabe kommt her von Gott dem Herrn,
drum dankt ihm, dankt, drum dankt ihm, dankt und hofft auf ihn!“[89]

Lasst uns beten:

Grosser und guter Gott, wir danken dir dafür, dass du diese Welt so herrlich und reich geschaffen hast – das Reich der Natur, aber auch das Reich der Menschen. Du hast uns grosse Möglichkeiten geschenkt, Möglichkeiten der Intelligenz, der Phantasie und der Kreativität. Wissenschaft und Technik gehören dazu, aber auch die Kunst. Es ist herrlich, dass wir Menschen dichten, malen und musizieren können. Und dass grössere und kleinere Dichter in vielen Stilen uns zum Denken anregen, Herz und Gemüt ansprechen, ist ein besonderes Geschenk. Noch einmal: Wir danken dir dafür, und besonders wollen wir dir heute für Matthias Claudius und sein Vermächtnis danken.

In der Stille wollen wir dir Persönliches anvertrauen. …

Grosser und guter Gott, sei du in dieser Stunde unter uns. Gib uns deinen guten Geist. Gib ihn auch denen, die heute nicht hier sein können. Um alles bitten wir dich im Namen deines Sohnes Jesus Christus. Amen.

*

Zunächst lese ich das Gedicht „Täglich zu singen“, das uns unmittelbar in die Frömmigkeit Matthias Claudius’ einführt:

[89] Gesangbuch, Nr. 540,1–4.

„Ich danke Gott und freue mich
Wie's Kind zur Weihnachtsgabe,
Dass ich bin, bin! Und dass ich dich,
Schön menschlich Antlitz! habe,

Dass ich die Sonne, Berg und Meer
Und Laub und Gras kann sehen
Und abends unterm Sternenheer
Und lieben Monde gehen,

Und dass mir denn zu Mute ist,
Als wenn wir Kinder kamen
Und sahen, was der heilge Christ
Bescheret hatte, Amen!

Ich danke Gott mit Saitenspiel,
Dass ich kein König worden;
Ich wär geschmeichelt worden viel
Und wär vielleicht verdorben.

Auch bet ich ihn von Herzen an,
Dass ich auf dieser Erde
Nicht bin ein grosser reicher Mann
Und auch wohl keiner werde.

Denn Ehr und Reichtum treibt und bläht,
Hat mancherlei Gefahren,
Und vielen hat's das Herz verdreht,
Die weiland wacker waren.

Und all das Geld und all das Gut
Gewährt zwar viele Sachen;
Gesundheit, Schlaf und guten Mut
Kann's aber doch nicht machen.

Und die sind doch, bei Ja und Nein!
Ein rechter Lohn und Segen!
Drum will ich mich nicht gross kastei'n
Des vielen Geldes wegen.

Gott gebe mir nur jeden Tag,
So viel ich darf, zum Leben.
Er gibt's dem Sperling auf dem Dach;
Wie sollt er's mir nicht geben!"[90]

*

Und jetzt zwei kürzere Gedichte, voller Lebensfreude:

„Der Frühling – Am ersten Maimorgen

Heute will ich fröhlich sein,
Keine Weis und keine Sitte hören;
Will mich wälzen, und für Freude schrein,
Und der König soll mir das nicht wehren;

[90] Claudius, S. 149.

Denn er kommt mit seiner Freuden Schar
Heute aus der Morgenröte Hallen,
Einen Blumenkranz um Brust und Haar
Und auf seiner Schulter Nachtigallen;

Und sein Antlitz ist ihm rot und weiss,
Und er träumt von Tau und Duft und Segen
Ha! mein Thyrsus sei ein Knospenreis,
Und so tauml' ich meinem Freund entgegen."[91]

„Im Mai

Tausend Blumen um mich her,
  Wie sie lachend stehn!
Adam hat nicht lachender
  Sie am Phrat[92] gesehn.
Hier, die schöne grüne Flur,
Hier, der Wald, und der Waldgesang!
  O Natur, Natur,
  Habe Dank!"[93]

*

Doch täuschen wir uns nicht! Matthias Claudius war kein harmloser Dichter, und er hatte einen kritischen Blick auf politische und soziale Missstände in der Welt. In den nächsten beiden Gedichten geht es um Sklavenhandel und Krieg, zwei Geisseln der Menschheit, damals und auch heute:

---

[91] Claudius, S. 83.
[92] Euphrat.
[93] Ebenda, S. 86.

„Der Schwarze in der Zuckerplantage

Weit von meinem Vaterlande
  Muss ich hier verschmachten und vergehn,
Ohne Trost, in Müh und Schande;
  Ohhh die weissen Männer!! klug und schön!

Und ich hab den Männern ohn Erbarmen
  Nichts getan.
Du im Himmel! hilf mir armen
  Schwarzen Mann!“[94]

„Kriegslied

‘s ist Krieg! ‘s ist Krieg! O Gottes Engel wehre,
Und rede du darein!
‘s ist leider Krieg – und ich begehre
Nicht schuld daran zu sein!

Was sollt ich machen, wenn im Schlaf mit Grämen
Und blutig, bleich und blass,
Die Geister der Erschlagnen zu mir kämen,
Und vor mir weinten, was?

Wenn wackre Männer, die sich Ehre suchten,
Verstümmelt und halb tot
Im Staub sich vor mir wälzten, und mir fluchten
In ihrer Todesnot?

[94] Ebenda, S. 17.

Wenn tausend tausend Väter, Mütter, Bräute,
So glücklich vor dem Krieg,
Nun alle elend, alle arme Leute,
Wehklagten über mich?

Wenn Hunger, böse Seuch' und ihre Nöten
Freund, Freund und Feind ins Grab
Versammleten, und mir zu Ehren krähten
Von einer Leich herab?

Was hülf mir Kron' und Land und Gold und Ehre?
Die könnten mich nicht freun!
's ist leider Krieg – und ich begehre
Nicht schuld daran zu sein!"[95]

*

Ein weiteres Gedicht:

„Der Mensch

Empfangen und genähret
Vom Weibe wunderbar,
Kömmt er und sieht und höret
Und nimmt des Trugs nicht wahr,
Gelüstet und begehret
Und bringt sein Tränlein dar,
Verachtet und verehret,

---

[95] Ebenda, S. 239f.

Hat Freude und Gefahr,
Glaubt, zweifelt, wähnt und lehret,
Hält nichts und alles wahr,
Erbauet und zerstöret
Und quält sich immerdar,
Schläft, wachet, wächst und zehret
Trägt braun und graues Haar.
Und alles dieses währet,
Wenn's hoch kommt, achtzig Jahr.
Denn legt er sich zu seinen Vätern nieder,
Und er kömmt nimmer wieder.“[96]

Matthias Claudius war sich also der Ambivalenz des Menschen und seiner Vergänglichkeit sehr wohl bewusst. Er bagatellisiert nichts. Ergreifend ist die folgende Strophe:

„Ach, es ist so dunkel in des Todes Kammer,
Tönt so traurig, wenn er sich bewegt
Und nun aufhebt seinen schweren Hammer
Und die Stunde schlägt.“[97]

*

Am Schluss werden wir „Der Mond ist aufgegangen“ singen, vorher aber ein anderes Nachtgedicht, „Die Sternseherin Lise“ (ein Gedicht, das ich seinerzeit in der Schule auswendig lernen musste):

---

[96] Ebenda, S. 251.
[97] Ebenda, S. 435.

„Ich sehe oft um Mitternacht,
Wenn ich mein Werk getan
Und niemand mehr im Hause wacht,
Die Stern' am Himmel an.

Sie gehn da, hin und her zerstreut
Als Lämmer auf der Flur;
In Rudeln auch, und aufgereiht
Wie Perlen an der Schnur;

Und funkeln alle weit und breit,
Und funkeln rein und schön;
Ich seh die grosse Herrlichkeit,
Und kann mich satt nicht sehn...

Dann saget, unterm Himmelszelt,
Mein Herz mir in der Brust:
‚Es gibt was Bessers in der Welt
Als all ihr Schmerz und Lust.'

Ich werf mich auf mein Lager hin,
Und liege lange wach,
Und suche es in meinem Sinn,
Und sehne mich darnach."[98]

Doch lasst uns das berühmte Abendlied, eines der berührendsten deutschsprachigen Lieder überhaupt, das zum Volkslied geworden ist, jetzt miteinander singen:

[98] Ebenda, S. 556.

„Der Mond ist aufgegangen,
die gold'nen Sternlein prangen
am Himmel hell und klar.
Der Wald steht schwarz und schweiget,
und aus den Wiesen steiget
der weisse Nebel wunderbar.

Wie ist die Welt so stille
und in der Dämmerung Hülle
so traulich und so hold
als eine stillen Kammer,
wo ihr des Tages Jammer
verschlafen und vergessen sollt.

Seht ihr den Mond dort stehen?
Er ist nur halb zu sehen
und ist doch rund und schön.
So sind wohl manche Sachen,
die wir getrost belachen,
weil unsere Augen sie nicht sehn.

Wir stolzen Menschenkinder
sind eitel arme Sünder
und wissen gar nicht viel.
Wir spinnen Luftgespinste
und suchen viele Künste
und kommen weiter von dem Ziel.

Gott, lass uns dein Heil schauen,
auf nichts Vergänglichs trauen,
nicht Eitelkeit uns freun;
lass uns einfältig werden
und vor dir hier auf Erden
wie Kinder fromm und fröhlich sein!

Wollst endlich sonder Grämen
aus dieser Welt uns nehmen
durch einen sanften Tod;
und wenn du uns genommen,
lass uns in' Himmel kommen,
du unser Herr und unser Gott.

So legt euch denn, ihr Brüder,
in Gottes Namen nieder;
kalt ist der Abendhauch.
Verschon uns, Gott, mit Strafen
und lass uns ruhig schlafen
und unsern kranken Nachbarn auch."[99]

*

Und zum Schluss:

„Die Liebe hemmet nichts;
Sie kennt nicht Tür noch Riegel

[99] Gesangbuch, Nr. 599,1–7.

Und drängt durch alles sich:
Sie ist ohn' Anbeginn,
Schlug ewig ihre Flügel
Und schlägt sie ewiglich."[100]

Gott segne euch und behüte euch. Gott lasse sein Angesicht leuchten über euch und sei euch gnädig. Gott erhebe sein Angesicht auf euch und gebe euch Frieden. Amen.

[100] Claudius, S. 435.

Kunstgottesdienst zum Flüchtlingssonntag über das Bild „Vor dem Gewitter“ von Marianne Werefkin (1870–1938)[101]

„Wohl dem, dessen Hilfe der Gott Jakobs ist,
der seine Hoffnung auf den HERRN setzt, seinen Gott,
der Himmel und Erde gemacht hat
und das Meer und alles, was in ihnen ist,
der Treue bewahrt auf ewig,
der Recht schafft den Unterdrückten,
der den Hungrigen Brot gibt.
Der HERR befreit die Gefangenen.
Der HERR macht Blinde sehend,
der HERR richtet die Gebeugten auf,
der HERR liebt die Gerechten.
Der HERR behütet die Fremdlinge,
Waisen und Witwen hilft er auf.“[102] Amen.

Mit diesen Versen aus Psalm 146 begrüsse ich alle herzlich. Zum Flüchtlingssonntag habe ich die Form eines Kunstgottesdienstes gewählt. Im Zentrum steht ein Bild der Künstlerin Marianne Werefkin, geboren 1870 in Russland, gestorben in Ascona 1938.

*

„Da stand ein Gesetzeslehrer auf und sagte, um ihn auf die Probe zu stellen: Meister, was muss ich tun, damit ich ewiges Leben erbe? Er sagte zu ihm: Was steht im Gesetz geschrieben? Was liest du da? Der antwortete: Du sollst den Herrn, deinen Gott, lieben mit deinem ganzen Herzen und

[101] 10. Juni 2012.
[102] Ps 146,5–9.

mit deiner ganzen Seele und mit all deiner Kraft und mit deinem ganzen Verstand, und deinen Nächsten wie dich selbst. Er sagte zu ihm: Recht hast du; tu das, und du wirst leben. Der aber wollte sich rechtfertigen und sagte zu Jesus: Und wer ist mein Nächster? Jesus gab ihm zur Antwort: Ein Mensch ging von Jerusalem nach Jericho hinab und fiel unter die Räuber. Die zogen ihn aus, schlugen ihn nieder, machten sich davon und liessen ihn halb tot liegen. Zufällig kam ein Priester denselben Weg herab, sah ihn und ging vorüber. Auch ein Levit, der an den Ort kam, sah ihn und ging vorüber. Ein Samaritaner aber, der unterwegs war, kam vorbei, sah ihn und fühlte Mitleid. Und er ging zu ihm hin, goss Öl und Wein auf seine Wunden und verband sie ihm. Dann hob er ihn auf sein Reittier und brachte ihn in ein Wirtshaus und sorgte für ihn. Am andern Morgen zog er zwei Denare hervor und gab sie dem Wirt und sagte: Sorge für ihn! Und was du darüber hinaus aufwendest, werde ich dir erstatten, wenn ich wieder vorbeikomme. Wer von diesen dreien, meinst du, ist dem, der unter die Räuber fiel, der Nächste geworden? Der sagte: Derjenige, der ihm Barmherzigkeit erwiesen hat. Da sagte Jesus zu ihm: Geh auch du und handle ebenso."[103]

*

Liebe Gemeinde! Auch heute geht es um ein Bild. Ich kenne es seit Jahren, und eh und je macht es mir einen tiefen Eindruck. Lassen Sie mich zuerst kurz von der Künstlerin erzählen, bevor wir das Bild dann genauer betrachten.

Marianne Werefkin stammte aus einem begüterten Elternhaus im vorrevolutionären Russland. Sie liess sich zur Kunstmalerin ausbilden und galt bald wegen ihres Frühwerks im realistischen Stil als der „Rembrandt Russlands". 1896 liess

[103] Lk 10,25–37.

sie sich in München nieder, wo sie sich der Kunstszene anschloss. Einige ihrer im expressionistischen Stil gehaltene Bilder wurden im Rahmen des „Blauen Reiters“ zusammen mit Werken Picassos, Paul Klees, Franz Marcs, Kandinskys und andern Grossen der damaligen Zeit ausgestellt. Da Marianne Werefkin von ihren Eltern her vermöglich war, wirkte sie auch als Mäzenin. Wichtig war ihre langjährige Freundschaft mit dem russischen Kollegen Alexej von Jawlensky, für den sie sich aufopferte, der sie dann aber wegen einer anderen Frau verliess.

Nach Ausbruch des Ersten Weltkriegs übersiedelte Marianne Werefkin in die Schweiz, zuerst an den Genfersee, dann nach Zürich, und ab 1918 lebte sie in Ascona, damals ein armes Fischerdorf, zugleich aber ein Sammelpunkt der geistigen und künstlerischen Avantgarde. Als Folge der russischen Revolution von 1917 verlor sie ihr Vermögen. Bis zu ihrem Tod 1938 musste sie sich kümmerlich durchschlagen. Sie lernte am eigenen Leib die Armut kennen. Dazu kam, dass die Welt seit dem Ausbruch des Ersten Weltkriegs sich immer mehr verdüstert hatte. Nach dem Krieg wurde es nur wenig besser. 1922 wurde Mussolini Diktator in Italien. Auch Hitler in Deutschland machte sich schnell bemerkbar.

Doch jetzt zum Bild: Wenn es nicht sehr gut beleuchtet wird, wirkt es dunkel. Über dem Lago Maggiore ziehen sich düstere Wolken zusammen. Hinten ragt ein steiler Berg auf. Im Vordergrund links steht ein Zollhaus, vom Wetterleuchten grell beleuchtet, und rechts steht ein Mann, der uns den Rücken zudreht. Es ist schwer zu entscheiden: Ist es ein Zöllner oder Grenzwächter, oder ist es ein Verfolgter, ein Flüchtling, der erfüllt von einer Mischung aus Hoffnung und Angst auf das Zollhaus mit den vergitterten Fenstern hinschaut. Die Türe ist ein dunkles Loch. Wird man ihn aufnehmen oder zurückweisen? Darf er aufatmen, oder wird man ihn im nahenden Gewitter stehen lassen?

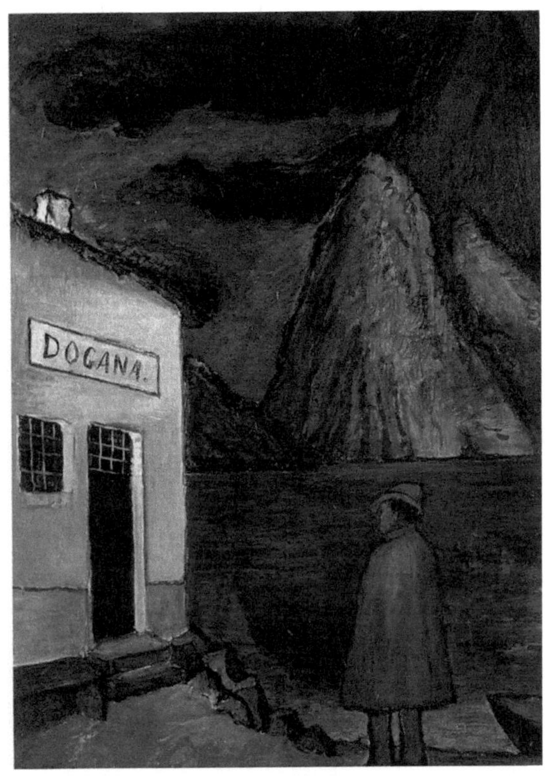

Marianne Werefkin (1870–1938): „Vor dem Gewitter“[104]

Zunächst ist das Bild die weitgehend realistische, nur leicht übersteigerte Darstellung eines Ausschnitts aus der realen Landschaft. Doch es ist mehr: Das Bild hat eine symbolische Tiefendimension. Es weist hin auf eine Welt, in der vieles aus den Fugen geraten ist. Der Berg ist so mächtig wie eine drückende Sorgenlast. Der Himmel verspricht wenig Gutes, deshalb ja auch der Bildtitel „Vor dem Gewitter“. Das Zollhaus steht für eine Welt, in der Grenzen den freien Durchgang erschweren oder sogar unmöglich machen, was die ungehinderte Kommunikation zwischen den Menschen erschwert.

[104] Privatsammlung Schweiz.

Bis zum heutigen Tag ist dies eine Situation, die sich für manche immer wieder einstellt. Wer keine Papiere hat, kann nicht frei reisen. Es gibt Gegenden in der Welt, wo Zäune oder Mauern die Menschen von einander trennen.
Liebe Gemeinde, Sie haben sich vielleicht gefragt, was dieses Bild in unserer Kirche soll. Ist es ein Predigtthema? Ich denke schon. Ein wichtiger Beitrag der Kunst besteht darin, dass sie uns feinfühliger machen kann. Marianne Werefkin hat es an ihrem eigenen Leib erlebt, wie die Welt nach 1914 immer schwärzer wurde. Bis zum heutigen Tag haben viele Ähnliches erfahren. Und ich denke, es ist eine ganz wichtige Aufgabe für uns als christliche Gemeinde, dass wir uns von den Nöten in der Welt nicht einfach abkapseln und – sofern es dieses gibt – uns mit unserem privaten Glück begnügen.

Wenn man die Bibel als das Grunddokument des christlichen Glaubens von der ersten bis zur letzten Seite durchliest, stösst man immer neu darauf, dass der biblische Gott ganz besonders intensiv für diejenigen da ist, denen es nicht gut geht. Als Lesung hörten wir das berühmte Gleichnis vom barmherzigen Samaritaner, das so bekannt ist, dass es kaum erklärt werden muss, da es in äusserst eindeutigen Worten für sich selbst spricht.

Das Gleichnis Jesu fordert uns auf, die Welt aus der Perspektive derjenigen zu betrachten, die unter die Räuber gefallen sind und halbtot am Wegrand liegen. Mit dem Bild Marianne Werefkins verhält es sich ebenso. Ich bin überzeugt davon, dass der Heilige Geist auch durch die Kunst spricht. Das Bild lädt uns ein, uns mit denen zu solidarisieren, die an Grenzen stehen und für die es schwierig wenn nicht sogar unmöglich ist, auch nur bescheidene Lebensziele zu erreichen. In verschiedenen Ländern dieser Erde gibt es Hunderttausende, die in Flüchtlingslagern unter teilweise unmenschlichen Bedingungen festgehalten werden. Gemäss dem neusten UNO-Bericht gibt es momentan 16 Millionen Flüchtlinge auf der Welt.

In meiner Begrüssung zu diesem Gottesdienst erwähnte ich den Flüchtlingssonntag. Nun, ich weiss natürlich: Viele unter uns hören das Wort Flüchtling ungern. Ich kenne die Medienberichte auch, die von nordafrikanischen jungen Männern erzählen, die Autos klauen und zu Schanden fahren; ebenfalls die Nachrichten von unschönen Vorfällen in Asylzentren, wobei oft Alkohol im Spiel ist. Und auch ich ärgere mich über Nigerianer, die am Bahnhofplatz in St. Gallen mit Drogen handeln.

Liebe Gemeinde, das ist jedoch nicht einmal die halbe Wahrheit. Lassen Sie mich von einem fünfundzwanzigjährigen Afghanen erzählen. Vor zwanzig Jahren herrschte in seiner Heimat Bürgerkrieg. Um sein Leben zu retten, schickten seine Eltern den Fünfjährigen zusammen mit einigen jungen Burschen, die sich den Taliban entziehen wollten, in den Iran. Ohne Eltern und andere Verwandte wuchs er hier heran. Auf Umwegen erfuhr er, dass sein Vater und seine Mutter umgekommen waren. Niemand kümmerte sich um ihn. Vor einiger Zeit verschlug es ihn in die Schweiz, wo er Antrag auf Asyl stellte. Es ist zu vermuten, dass diesem Antrag am Ende wohl entsprochen werden wird. Aber vielleicht wissen Sie: Die Behandlung eines Asylgesuchs dauert in der Schweiz bis zu vier Jahren. Während dieser Zeit können die gesuchstellenden Menschen in der Regel nicht arbeiten. (Man stellt ungern jemanden an, dessen Zukunftsperspektiven so unsicher sind.) In den ersten Monaten leben sie in einem Zentrum, wo man immerhin einigermassen für sie sorgt und sie auch etwas Deutschunterricht bekommen. Aber dann teilt man sie irgendeiner Gemeinde zu. Man stellt ihnen eine Wohnung zur Verfügung, die sie mit andern teilen müssen. Man zahlt die Krankenkassenprämien, und für den Lebensunterhalt bekommen sie vierhundert Franken, also 13,3 Franken im Tag für Nahrung, Zeitungen, Schwimmbad- oder Kinobesuch, Coiffeur, öffentliche Verkehrmittel, Telefongespräche, chemische Reinigung, Zahnpasta, Rasierzeug, Seife und eventuell Zigaretten (was ja nicht verboten ist).

Man kann vielleicht sagen, für einen alleinstehenden Fünfundzwanzigjährigen genüge dieser Betrag. Aber versuchen wir – angeregt von Marianne Werefkin –, uns in diesen Menschen einzufühlen: Er kennt fast niemanden. Die Leute, mit denen er die Wohnung teilen muss, haben oft eine andere Wellenlänge, sprechen oft sogar nicht die gleiche Sprache. Er hat nichts zu tun. Und er wartet!

Es wurde mir erzählt, der junge Afghane habe oft Tränen in den Augen. Er wirkt deprimiert. Er gibt sich zwar Mühe, den Tag sinnvoll zu gestalten, und besucht unter anderem Sprachkurse in der Schule „Integra“ in St. Fiden, wo ehrenamtlich tätige Lehrkräfte Unterricht anbieten. Im sich unmittelbar neben der Schule befindenden Solidaritätshaus gibt es einen Mittagstisch für ihn und andere, die ein ähnliches Schicksal haben. Hier hilft er auch beim Aufräumen und Abwaschen und beim Jäten im Vorgarten.

Liebe Gemeinde, ich will niemanden anklagen. Auch ich habe keine Patentlösung und weiss natürlich auch, dass die Schweiz ihre Grenzen nicht für alle uneingeschränkt aufmachen kann. Und doch bewegt mich ein solches Schicksal.

Lassen Sie mich zum Schluss aus den Gesetzen im Alten Testament zitieren:

> „Und wenn ein Fremder bei dir lebt in eurem Land, sollt ihr ihn nicht bedrängen. Wie ein Einheimischer soll euch der Fremde gelten, der bei euch lebt. Und du sollst ihn lieben wie dich selbst, denn ihr seid selbst Fremde gewesen im Land Ägypten. Ich bin der HERR, euer Gott.“[105]

Man sagt gelegentlich, die Gesetze im Alten Testament seien für die Christenheit nicht mehr verbindlich. Ich bin aber nicht sicher, ob man es sich in diesem Fall so nicht doch zu leicht macht.

---

[105] Lev 19,33f.

Betrachten wir noch einmal das Bild, und hoffen wir, dass das Gewitter vorübergeht und dass sich die Grenze für unglücklich Verfolgte auftut. Amen.

*

Lasst uns beten:

Grosser und guter Gott, wir danken dir dafür, dass du uns Aufgaben gibst, auch da, wo wir uns nichts zutrauen, dass du uns Hoffnung gibst, wo wir schon aufgegeben haben.

Lass uns nicht müde werden. Lass unseren Un- und Kleinglauben nicht triumphieren.

Vor dir denken wir besonders an Einsame und Kranke, an Sterbende und an solche, die einen lieben Menschen verlieren mussten, heute vor allem auch an Flüchtlinge und Gefangene, an Hungernde und vom Krieg Bedrohte.

Gemeinsam beten wir das Gebet Jesu:

Unser Vater im Himmel!
Geheiligt werde dein Name.
Dein Reich komme.
Dein Wille geschehe, wie im Himmel, so auf Erden.
Unser tägliches Brot gib uns heute.
Und vergib uns unsere Schuld,
wie auch wir vergeben unsern Schuldigern.
Und führe uns nicht in Versuchung,
sondern erlöse uns von dem Bösen.

Denn dein ist das Reich und die Kraft
und die Herrlichkeit in Ewigkeit.

Amen.

Literaturgottesdienst zu Goethes Geburtstag[106]

Unser Anfang geschehe im Namen des Vater und des Sohnes und des Heiligen Geistes.

> „Prüft aber alles, und das Gute behaltet."[107]
>
> „Der Wind bläst, wo er will, und du hörst sein Sausen wohl; aber du weisst nicht, woher er kommt und wohin er fährt."[108]
>
> „Den Geist dämpft nicht."[109] Amen.

Liebe Gemeinde, mit dieser eher ungewöhnlichen Zusammenstellung von Versen aus dem Neuen Testament begrüsse ich alle herzlich.

Wir feiern heute aber auch einen eher ungewöhnlichen Gottesdienst, einen Gottesdienst zu Goethes Geburtstag. Dürfen wir das überhaupt? Es ist bekannt, dass Goethe sich als – wie er es selbst formulierte – „dezidierter Nichtchrist" verstand.

Nun, ich möchte den Weimarer Dichterfürsten nicht für das Christentum vereinnahmen. Ich respektiere, was seine eigene Entscheidung über den christlichen Glauben betrifft. Ich möchte ihn nicht mit Weihwasser besprengen.

Ich denke aber, auch als Angehörige einer christlichen Gemeinde haben wir Grund zur Dankbarkeit. Goethe hat uns seine Sprache geschenkt. Vielleicht sogar mehr als viele bekennende Glieder einer christlichen Kirche hat er sich wäh-

---

[106] 28. August 2004.
[107] 1Thess 5,21.
[108] Joh 3,8.
[109] 1Thess 5,19.

rend seines langen Lebens mit der Bibel beschäftigt. Von ihm können wir lernen, was Ehrfurcht bedeutet. Er hat uns Aspekte des Menschseins gezeigt, die unsere Selbsterkenntnis zu vertiefen vermögen. Darum soll es heute gehen.

Lasst uns zunächst singen: „Komm, Schöpfer Geist, kehr bei uns ein“.[110] Es ist das alte „Veni creator spiritus“, das auch Goethe sehr geschätzt hat.

Anstelle eines Gebets lese ich jetzt, wie Goethe selbst – man weiss genau wann, nämlich am 10. April 1820 – den Hymnus „Veni creator spiritus“ übersetzt hat:

> „Komm heiliger Geist, du Schaffender,
> Komm, deine Seelen suche heim;
> Mit Gnaden-Fülle segne sie
> Die Brust, die du geschaffen hast.
>
> Du heissest Tröster, Paraklet,
> Des höchsten Gottes Hoch-Geschenk,
> Lebend'ger Quell und Liebes-Glut
> Und Salbung heiliger Geistes-Kraft.
>
> Du siebenfaltiger Gaben-Schatz,
> Du Finger Gottes rechter Hand,
> Von ihm versprochen und geschickt,
> Der Kehle Stimm' und Rede gibst.
>
> Den Sinnen zünde Lichter an,
> Dem Herzen frohe Mutigkeit,

[110] Gesangbuch, Nr. 499, 1–4.

Dass wir, im Körper wandelnden,
Bereit zum Handeln sei'n, zum Kampf.

Den Feind bedränge, treib' ihn fort,
Dass uns des Friedens wir erfreun,
Und so an deiner Führer-Hand
Dem Schaden überall entgehn.

Vom Vater uns Erkenntnis gib,
Erkenntnis auch vom Sohn zugleich,
Uns, die dem beiderseit'gen Geist
Zu allen Zeiten gläubig flehn.

Darum sei Gott dem Vater Preis,
Dem Sohne, der vom Tod erstand,
Dem Paraklet, dem wirkenden
Von Ewigkeit zu Ewigkeit."[111]

*

Als Schriftlesung habe ich einen wenig bekannten Bibeltext gewählt, der sich aber gut in diese Feier einfügt: Verse aus 4. Mose 11. Es ist die Geschichte, in der Mose 70 Älteste für die Leitung des Volkes einsetzt:

> „Und der HERR sprach zu Mose: Sammle mir siebzig Männer unter den Ältesten Israels, von denen du weisst, dass sie Älteste im Volk und seine Amtleute sind, und bringe sie vor die Stiftshütte und stelle sie dort vor dich, so will ich herniederkommen und dort mit dir reden und von dei-

[111] Mathias Mayer: Islamisiertes Christentum, poetisierte Religion. Goethes Übersetzung eines spätlateinischen Pfingsthymnus. In: Neue Zürcher Zeitung vom 29. Mai 2004 (Nr. 123), S. 43.

nem Geist, der auf dir ist, nehmen und auf sie legen, damit sie mit dir die Last des Volks tragen und du nicht allein tragen musst. […] Und Mose ging heraus und sagte dem Volk die Worte des HERRN und versammelte siebzig Männer aus den Ältesten des Volks und stellte sie rings um die Stiftshütte. Da kam der HERR hernieder in der Wolke und redete mit ihm und nahm von dem Geist, der auf ihm war, und legte ihn auf die siebzig Ältesten. Und als der Geist auf ihnen ruhte, gerieten sie in Verzückung wie Propheten und hörten nicht auf.

Es waren aber noch zwei Männer im Lager geblieben; der eine hiess Eldad, der andere Medad. Und der Geist kam über sie, denn sie waren auch aufgeschrieben, jedoch nicht hinausgegangen zu der Stiftshütte, und sie gerieten in Verzückung im Lager. Da lief ein junger Mann hin und sagte es Mose und sprach: Eldad und Medad sind in Verzückung im Lager. Da antwortete Josua, der Sohn Nuns, der dem Mose diente von seiner Jugend an, und sprach: Mose, mein Herr, wehre ihnen! Aber Mose sprach zu ihm: Eiferst du um meinetwillen? Wollte Gott, dass alle im Volk des HERRN Propheten wären und der HERR seinen Geist über sie kommen liesse!“[112]

*

Liebe Gemeinde! Ich denke, viele von Ihnen haben sofort verstanden, warum ich diese fast unbekannte biblische Geschichte wählte. 68 Älteste sind bei Mose vor dem Heiligtum Israels und empfangen den Heiligen Geist. Und zwei sind nicht dabei. Aber auch sie werden von Gott begabt. Der junge und übereifrige Josua möchte, dass sie ausgeschlossen – gewissermassen exkommuniziert –

[112] Num 11,1–29 (gekürzt).

werden. Aber Mose lässt auch sie als von Gott offensichtlich erwählte und begnadete Aussenseiter gelten.

Und so denke ich, ist es mit Goethe. Aus der Innenperspektive einer christlichen Gemeinde steht er irgendwo am Rand. Ich kenne Christinnen und Christen, die die Hände über dem Kopf zusammenschlagen, wenn man Goethe erwähnt. Aber hat hier nicht Mose Recht: „Wollte Gott, dass alle im Volk des HERRN Propheten wären und der HERR seinen Geist über sie kommen liesse!“? Wollte Gott, dass es noch viele Männer und Frauen wie Goethe gäbe! Hören wir zunächst nur ein ganz kleines Gedicht, von dem wir uns berühren lassen können und das uns zu behutsamem Umgang mit Gottes wundervoller Schöpfung einlädt:

> „Ich ging im Walde
> So für mich hin,
> Und nichts zu suchen,
> Das war mein Sinn.
>
> Im Schatten sah ich
> Ein Blümlein stehn,
> Wie Sterne leuchtend,
> Wie Äuglein schön.
>
> Ich wollt' es brechen,
> Da sagt es fein :
> Soll ich zum Welken
> Gebrochen sein?

Ich grub's mit allen
Den Würzlein aus.
Zum Garten trug ich's
Am hübschen Haus.

Und pflanzt es wieder
Am stillen Ort,
Nun zweigt es immer
Und blüht so fort."[113]

Wem solche Verse gegeben wurden, von dem kann Gott nicht weit sein.

*

Doch hören wir jetzt ein dramatischeres Gedicht, die Ballade vom Zauberlehrling. Sie braucht kaum einen Kommentar und ist verblüffend aktuell, weil die heutige Menschheit in vielerlei Hinsicht mit diesem jungen Mann verglichen werden kann, der ein Projekt in Angriff nimmt, das eine Eigendynamik entwickelt:

„Hat der alte Hexenmeister
Sich doch einmal wegbegeben!
Und nun sollen seine Geister
Auch nach meinem Willen leben.
Seine Wort und Werke
Merkt ich und den Brauch,
Und mit Geistesstärke
Tu ich Wunder auch.

[113] Goethe 1, S. 15.

Walle! walle
Manche Strecke,
Dass, zum Zwecke,
Wasser fliesse
Und mit reichem, vollem Schwalle
Zu dem Bade sich ergiesse.

Und nun komm, du alter Besen,
Nimm die schlechten Lumpenhüllen!
Bist schon lange Knecht gewesen:
Nun erfülle meinen Willen!
Auf zwei Beinen stehe,
Oben sei ein Kopf,
Eile nun und gehe
Mit dem Wassertopf!
Walle! walle
Manche Strecke,
Dass, zum Zwecke,
Wasser fliesse
Und mit reichem, vollem Schwalle
Zu dem Bade sich ergiesse.

Seht, er läuft zum Ufer nieder!
Wahrlich! ist schon an dem Flusse,
Und mit Blitzesschnelle wieder
Ist er hier mit raschem Gusse.
Schon zum zweiten Male!
Wie das Becken schwillt!
Wie sich jede Schale

Voll mit Wasser füllt!
Stehe! stehe!
Denn wir haben
Deiner Gaben
Vollgemessen! –
Ach, ich merk es! Wehe! wehe!
Hab ich doch das Wort vergessen!

Ach, das Wort, worauf am Ende
Er das wird, was er gewesen!
Ach, er läuft und bringt behende!
Wärst du doch der alte Besen!
Immer neue Güsse
Bringt er schnell herein,
Ach, und hundert Flüsse
Stürzen auf mich ein!
Nein, nicht länger
Kann ichs lassen:
Will ihn fassen!
Das ist Tücke!
Ach! Nun wird mir immer bänger!
Welche Miene! welche Blicke!

O, du Ausgeburt der Hölle!
Soll das ganze Haus ersaufen?
Seh ich über jede Schwelle
Doch schon Wasserströme laufen.
Ein verruchter Besen,
Der nicht hören will!

Stock, der du gewesen,
Steh doch wieder still!
Willst's am Ende
Gar nicht lassen?
Will dich fassen,
Will dich halten
Und das alte Holz behende
Mit dem scharfen Beile spalten!

Seht, da kommt er schleppend wieder!
Wie ich mich nur auf dich werfe,
Gleich, o Kobold, liegst du nieder;
Krachend trifft die glatte Schärfe.
Wahrlich! brav getroffen!
Seht, er ist entzwei!
Und nun kann ich hoffen,
Und ich atme frei!
Wehe! wehe!
Beide Teile
Stehn in Eile
Schon als Knechte
Völlig fertig in die Höhe!
Helft mir, ach! ihr hohen Mächte!

Und sie laufen! Nass und nässer
Wirds im Saal und auf den Stufen:
Welch entsetzliches Gewässer!
Herr und Meister, hör mich rufen! -
Ach, da kommt der Meister!

Herr, die Not ist gross!
Die ich rief, die Geister,
Werd ich nun nicht los.
‚In die Ecke,
Besen! Besen!
Seids gewesen!
Denn als Geister
Ruft euch nur, zu seinem Zwecke,
Erst hervor der alte Meister.'"[114]

*

So kritisch Goethe der Kirche gegenüber stand, woran die real existierende Kirche seiner Zeit wohl nicht unschuldig war – Goethe lehnte unter anderem das so leidige Theologengezänk ab –, so intensiv befasste er sich Zeit seines Lebens mit der Bibel. Eindrücklich ist die Szene, in der Faust tief in der Nacht an seinem Schreibtisch sitzt und die einleitenden Verse des Johannesevangeliums zu übersetzten versucht. Er sehnt sich danach, so etwas wie Offenbarung zu empfangen. Als die Osterglocken erklingen, hat er schon vorher darüber geklagt, dass er nicht glauben könne, obschon er sich danach sehne. (Ich denke, dass Goethe hier vielen Menschen und natürlich auch sich selbst aus dem Herzen gesprochen hat.) Faust sagt es so:

„Wir sehnen uns nach Offenbarung,
Die nirgends würd'ger und schöner brennt
Als in dem Neuen Testament.
Mich drängt's, den Grundtext aufzuschlagen,
Mit redlichem Gefühl einmal

[114] Ebenda, S. 126–129.

Das heilige Original
In mein geliebtes Deutsch zu übertragen,
Geschrieben steht: ‚Im Anfang war das Wort!'
Hier stock ich schon! Wer hilft mir weiter fort?
Ich kann das Wort so hoch unmöglich schätzen,
Ich muss es anders übersetzen,
Wenn ich vom Geiste recht erleuchtet bin.
Geschrieben steht: Im Anfang war der Sinn.
Bedenke wohl die erste Zeile,
Dass deine Feder sich nicht übereile!
Ist es der Sinn, der alles wirkt und schafft?
Es sollte stehn: Im Anfang war die Kraft!
Doch, auch indem ich dieses niederschreibe,
Schon warnt mich was, dass ich dabei nicht bleibe.
Mir hilft der Geist! Auf einmal seh ich Rat
Und schreibe getrost: Im Anfang war die Tat!"[115]

Muss das griechische Wort λογος (Logos) mit Wort, Sinn, Kraft oder Tat ins Deutsche übertragen werden? Als Theologe sage ich dazu: Goethe hat wohl unterschätzt, was die Stärke der Übersetzung „Wort" ist: Wort bedeutet eine persönliche Beziehung und – dass ein Gesprächspartner dem andern Freiheit gewährt, sich ihm nicht gewalttätig aufzwingt. Es geht um ein freies Gegenüber. Und so wird in der biblischen Überlieferung Gott gedacht. Aber die Übersetzung „Tat" hat auch etwas Richtiges an sich. Wenn Gott spricht, dann geschieht etwas. Das göttliche Wort ist ein wirkungskräftiges Wort. Wenn Gott sagt „Es werde Licht", dann wird wirklich Licht. Goethe hatte in seiner Jugend nicht nur Griechisch, sondern auch Hebräisch gelernt. Er wusste, dass das hebräische Wort ‚dabar' nicht nur mit Wort, sondern auch mit Geschehen oder Geschichte

[115] Goethe 3, S.41.

übersetzt werden kann. Auch wenn man sich Fausts – beziehungsweise Goethes – Übersetzungsvorschlag nicht anschliesst, hilft die Übersetzungsszene im „Faust", den Prolog des Johannesevangeliums besser zu verstehen.

*

Zum Schluss des Predigtteils ein weiterer Goethetext, der davon zeugt, wie tief der Dichter über das menschliche Leben meditierte. Unser Leben ist ein merkwürdiges Gemisch von Vorgegebenheit und Freiheit. Wir können uns nicht selbst aussuchen, wann und wo und unter welchen Umständen wir geboren werden. Und doch ist unser Leben auch eine Aufgabe. Für unsere Entwicklung – für das, was wir aus dem uns Vorgegebenen machen – tragen wir Verantwortung. Hören wir das Gedicht „ΔΑΙΜΩΝ, Dämon" aus „Urworte – Orphisch":

> „Wie an dem Tag, der dich der Welt verliehen,
> Die Sonne stand zum Grusse der Planeten,
> Bist alsobald und fort und fort gediehen
> Nach dem Gesetz wonach du angetreten:
> So musst du sein, dir kannst du nicht entfliehen,
> So sagten schon Sibyllen, so Propheten;
> Und keine Zeit und keine Macht zerstückelt
> Geprägte Form, die lebend sich entwickelt."[116]

*

Unser Vater im Himmel!
Geheiligt werde dein Name.
Dein Reich komme.

---

[116] Goethe 2, S. 108.

Dein Wille geschehe, wie im Himmel, so auf Erden.
Unser tägliches Brot gib uns heute.
Und vergib uns unsere Schuld,
wie auch wir vergeben unsern Schuldigern.
Und führe uns nicht in Versuchung,
sondern erlöse uns von dem Bösen.
Denn dein ist das Reich und die Kraft
und die Herrlichkeit in Ewigkeit.

Amen.

*

Im Kirchengesangbuch findet man kein Lied Goethes. Wir singen deshalb ein Lied von Christian Fürchtegott Gellert, bei dem der jungen Goethe in Leipzig studierte. (Modern formuliert könnte man sagen, dass Gellert Goethes Deutschlehrer im Obergymnasium war.)

> „Die Himmel rühmen des Ewigen Ehre;
> ihr Schall pflanzt seinen Namen fort;
> ihn rühmt der Erdkreis, ihn preisen die Meere:
> Vernimm, o Mensch, ihr göttlich Wort
>
> Wer trägt der Himmel unzählbare Sterne?
> Wer führt die Sonn aus ihrem Zelt?
> Sie kommt und leuchtet und lacht uns von ferne
> und läuft den Weg, gleich als ein Held.

Vernimm's, und siehe die Wunder der Werke,
die die Natur dir aufgestellt.
Verkündigt Weisheit und Ordnung und Stärke
dir nicht den Herrn, den Herrn der Welt?

Kannst du der Wesen unzählbare Heere,
den kleinsten Staub fühllos beschaun?
Durch wen ist alles? O gib ihm die Ehre.
Mir, ruft der Herr, sollst du vertraun.

Mein ist die Kraft, mein ist Himmel und Erde;
an meinen Werken kennst du mich.
Ich bin´s, und werde sein, der ich sein werde,
dein Gott und Vater ewiglich.

Ich bin dein Schöpfer, bin Weisheit und Güte,
ein Gott der Ordnung und dein Heil.
Ich bin´s; mich liebe von ganzem Gemüte
und nimm an meiner Gnade teil."[117]

Anstelle von Geleitwort und Segen hören wir zwei weitere Goethegedichte, die beide den Titel „Wanderers Nachtlied" tragen:

„Der du von dem Himmel bist,
Alles Leid und Schmerzen stillest,
Den, der doppelt elend ist,
Doppelt mit Erquickung füllest,
Ach! ich bin des Treibens müde!

[117] Gesangbuch, Nr. 12,1–6.

Was soll all der Schmerz und Lust?
Süsser Friede,
Komm, ach komm in meine Brust!“[118]

*

„Über allen Gipfeln
Ist Ruh.
In allen Wipfeln
Spürest du
Keinen Hauch;
Die Vöglein schweigen im Walde!
Warte nur, balde
Ruhest du auch.“[119]

[118] Goethe 1, S. 55.
[119] Ebenda.

Literaturgottesdienst zu Gottfried Keller[120]

„Willkommen, klare Sommernacht,
Die auf betauten Fluren liegt!
Gegrüsst mir, goldne Sternenpracht,
Die spielend sich im Weltraum wiegt!

Das Urgebirge um mich her
Ist schweigend, wie mein Nachtgebet;
Weit hinter ihm hör ich das Meer,
Im Geist, und wie die Brandung geht.

Ich höre einen Flötenton,
Den mir die Luft von Westen bringt,
Indes herauf im Osten schon
Des Tages leise Ahnung dringt.

Ich sinne, wo in weiter Welt
Jetzt sterben mag ein Menschenkind
Und ob vielleicht den Einzug hält
Das viel ersehnte Heldenkind.

Doch wie im dunklen Erdental
Ein unergründlich Schweigen ruht,
Ich fühle mich so leicht zumal
Und wie die Welt so still und gut.

---

[120] 3. Juni 2012.

Der letzte leise Schmerz und Spott
Verschwindet aus des Herzens Grund,
Es ist, als tät der alte Gott
Mir endlich seinen Namen kund.“[121]

Liebe Gemeinde, dieses Gedicht Gottfried Kellers soll uns zu diesem Gottesdienst begrüssen. Es geht um einen Literaturgottesdienst. Und der heutige soll dem wohl bedeutendsten Schriftsteller und Dichter gewidmet sein, den die Schweiz hervorgebracht hat. Man mag einwenden, Gottfried Keller sei doch nicht ein richtiger Christ gewesen. Seine religionskritischen Äusserungen sind bekannt. Zu gewissen Zeiten seines Lebens hat er den Atheismus gestreift. Ich denke aber, dass es für eine christliche Gemeinde wichtig ist, die Augen nicht zu verschliessen. Auch jenseits der Kirchengrenzen gibt es wichtige Anstösse. Der Geist weht, wo er will. Und dass Keller dem traditionellen Kirchenglauben skeptisch gegenüberstand, hängt wohl teilweise auch damit zusammen, dass ihm in Religions- und Konfirmandenunterricht das Evangelium in einer nicht sehr vertrauenswürdigen Form beigebracht worden war. Gott als Moraltante oder als „Lückenbüsser“ für das Unerklärliche! Einen solchen Gott brauchte Keller nicht. In der Urfassung seines grössten Romans, des Grünen Heinrich, in dem er ja verschlüsselt von sich selber spricht, nennt er den Gott, den er im Konfirmandenunterricht kennengelernt hatte, den „silbenstecherische[n] Patron des Katechismus“. Aber auch einen andern Gott konnte er sich denken. An derselben Stelle heisst es:

„Und inmitten der Abendröten und Regenbogen, der Lilienwälder und Sternensaaten, der rauschenden und plätschernden Gewitter, die der aufgehenden Sonne des Kinderantlitz wuschen, dass es einen Augenblick

[121] Gottfried Keller: Sämtliche Werke. Herausgegeben von Jonas Fränkel. Bern und Leipzig: Verlag Benteli. Band 1 (1931), S. 8. In der Folge abgekürzt mit: Keller und Band- sowie Jahreszahl. (Der Verlag ist nicht bei allen Bänden der gleiche.)

sich weinend verzog und verdunkelte, um dann umso reiner und vergnügter zu strahlen, inmitten all des Feuerwerkes der Höhe und Tiefe, in diesen saumlosen schillernden Weltmantel gehüllt[:] der Unendliche, gross, aber voll Liebe, heilig, aber ein Gott des Lächelns und des Scherzes, furchtbar von Gewalt, doch sich schmiegend und bergend in eine Kinderbrust, hervorguckend aus einem Kindesauge, wie das Osterhäschen aus Blumen! Das war ein anderer Herr und Gönner als [– diesen Ausdruck habe ich bereits zitiert –] der silbenstecherische Patron im Katechismus!“[122]

Lasst uns beten:

Grosser und guter Gott, wir danken dir dafür, dass es Schriftsteller und Dichter gibt, auch wenn sie manchmal unbequem sind. Sie pflügen das festgetrampelte Feld der Routine auf, damit Neues wachsen kann. Sie stellen das Gewohnte und Gewöhnliche in Frage. Sie fordern uns auf, die Perspektive zu wechseln. Auch Religionskritik kann unseren Glauben echter werden lassen. Schriftsteller und Dichter können uns feinfühliger machen. Sie geben uns eine unverbrauchte Sprache.

Vor dir denken wir in dieser Stunde an die Anwesenden und an die Abwesenden. Gib allen deinen guten Geist. Tröste die Trauernden, begleite die Einsamen, die Kranken, die vom Tod Bedrohten. Sei mit Gewaltopfern und denen, die auf der Flucht sind.

An dieser Stelle wollen wir dir Persönliches anvertrauen. …

Um alles bitten wir dich im Namen deines lieben Sohnes, Jesus Christus. Amen.

[122] Keller 17 (1926), S. 118.

Und jetzt ein weiteres Gedicht Gottfried Kellers, sein berühmtes Abendlied. Es dokumentiert, dass sein Abschied vom traditionellen Unsterblichkeitsglauben bei ihm dazu führte, dass er diese, unsere sichtbare Welt nur in umso intensiveren Farben, Klängen und Gerüchen wahrnahm:

„Augen, meine lieben Fensterlein,
Gebt mir schon so lange holden Schein,
Lasset freundlich Bild um Bild herein:
Einmal werdet ihr verdunkelt sein!

Fallen einst die müden Lider zu,
Löscht ihr aus, dann hat die Seele Ruh;
Tastend streift sie ab die Wanderschuh,
Legt sich auch in ihre finstre Truh.

Noch zwei Fünklein sieht sie glimmend stehn
Wie zwei Sternlein, innerlich zu sehn,
Bis sie schwanken und dann auch vergehn,
Wie von eines Falters Flügelwehn.

Doch noch wandl ich auf dem Abendfeld,
Nur dem sinkenden Gestirn gesellt;
Trinkt, o Augen, was die Wimper hält,
Von dem goldnen Überfluss der Welt!“[123]

Es ist eigenartig: Als ich diese Feier vorbereitete, suchte ich die Texte Gottfried Kellers eher intuitiv aus. Fast immer sind es abendliche oder nächtliche Texte, die mir in den Sinn kamen. So steht es auch mit dem Gedicht „Sommernacht“.

[123] Keller 1 (1931), S. 40.

Besonders reizvoll daran dünkt mich die ethische Verantwortung, die daraus spricht. Junge Burschen, von denen man das vielleicht nicht erwarten würde, helfen heimlich einer armen Witwe oder Waise. Ohne falsch zu moralisieren, atmet das ganze Gedicht einen zutiefst humanen Geist aus.

„Es wallt das Korn weit in die Runde
Und wie ein Meer dehnt es sich aus;
Doch liegt auf seinem stillen Grunde
Nicht Seegewürm noch andrer Graus;
Da träumen Blumen nur von Kränzen
Und trinken der Gestirne Schein.
O goldnes Meer, dein friedlich Glänzen
Saugt meine Seele gierig ein!

In meiner Heimat grünen Talen,
Da herrscht ein alter schöner Brauch:
Wann hell die Sommersterne strahlen,
Der Glühwurm schimmert durch den Strauch,
Dann geht ein Flüstern und ein Winken,
Das sich dem Ährenfelde naht,
Da geht ein nächtlich Silberblinken
Von Sicheln durch die goldne Saat.

Das sind die Bursche jung und wacker,
Die sammeln sich im Feld zuhauf
Und suchen den gereiften Acker
Der Witwe oder Waise auf,
Die keines Vaters, keiner Brüder
Und keines Knechtes Hilfe weiss –

Ihr schneiden sie den Segen nieder,
Die reinste Lust ziert ihren Fleiss.

Schon sind die Garben fest gebunden
Und rasch in einen Ring gebracht;
Wie lieblich flohn die kurzen Stunden,
Es war ein Spiel in kühler Nacht!
Nun wird geschwärmt und hell gesungen
Im Garbenkreis, bis Morgenluft
Die nimmermüden braunen Jungen
Zur eignen schweren Arbeit ruft.“[124]

*

Auch das folgende Gedicht ist von einer zutiefst ethischen Haltung geprägt. Es geht um den Traum, den wohl die meisten von uns schon geträumt haben – vom Goldenen Zeitalter, vom Völkerfrieden, von Gerechtigkeit und Liebe. Gottfried Keller will uns Mut machen, so zu träumen. Wer zynisch davon Abschied nimmt, weil es ja doch nicht möglich sei, dem oder der wird von Keller in recht scharfen Worten zugerufen, dass er oder sie streng genommen bereits zu seinen oder ihren Lebzeiten tot sei.

„Frühlingsglaube

Es wandert eine schöne Sage
Wie Veilchenduft auf Erden um,
Wie sehnend eine Liebesklage
Geht sie bei Tag und Nacht herum.

---

[124] Ebenda, S. 20f.

Das ist das Lied vom Völkerfrieden
Und von der Menschheit letztem Glück,
Von goldner Zeit, die einst hienieden,
Der Traum als Wahrheit, kehrt zurück;

Wo einig alle Völker beten
Zum einen König, Gott und Hirt;
Von jenem Tag, wo den Propheten
Ihr leuchtend Recht gesprochen wird.

Dann wird's nur eine Schmach noch geben,
Nur eine Sünde in der Welt:
Des Eigen-Neides Widerstreben,
Der es für Traum und Wahnsinn hält.

Wer jene Hoffnung gab verloren
Und böslich sie verloren gab,
Der wäre besser ungeboren:
Denn lebend wohnt er schon im Grab.“[125]

*

Gottfried Keller war ein politischer Denker. Deshalb möchte ich heute nicht nur Gedichte, sondern auch Prosa zitieren, aus seinem berühmten Bettagsmandat für das Jahr 1862, das er als Ghostwriter für die Zürcher Regierung konzipierte. In diesem Text spricht er aus, dass unsere Schweiz nur so lange Existenzberechtigung habe, als sie ihre sittlichen Grundlagen nicht vergesse. Sonst könnte „der grosse Baumeister der Geschichte“ sie ungeniert auch zu Grunde gehen lassen.

[125] Ebenda, S. 44.

Der Zürcher Regierung war dieser Entwurf, wie es im Protokoll heisst, allerdings zu „wild".[126] Ein weniger anstössiger Text wurde publiziert. Kellers Vorschlag musste schubladisiert werden, was ihm allerdings nichts von seiner auch für heute brisanten Kraft raubt:

„Aus dem Bettagsmandat für das Jahr 1862

Mitbürger! Wir heissen auch heute die Pflicht willkommen, welche uns auferlegt, beim Herannahen des eidgenössischen Bettages ein getreuliches Wort an Euch zu richten. Als die Eidgenossen diesen Tag einsetzten, taten sie es wohl nicht in der Meinung, einen Gott anzurufen, der sie vor andern Völkern begünstigen und in Recht und Unrecht, in Weisheit und Torheit beschützen solle; und wenn sie auch, wo er es dennoch getan, in erkenntnisreicher Demut für die gewaltete Gnade dankten, so machten sie um so mehr diesen Tag zu ihrem Gewissenstag, an welchem sie das Einzelne und Vergängliche dem Unendlichen und ihr Gewissen, das in allen weltlichen Verhandlungen so oft durch Rücksichten des nächsten Bedürfnisses, der scheinbaren Zweckmässigkeit, der Parteiklugheit befangen und getäuscht wird, dem Ewigen und Unbestechlichen gegenüberstellen wollten.

Mitbürger! Wenn in ernster Feierstunde sich jeder von Euch fragen wird: Welches ist mein innerer und sittlicher Wert als einzelner Mann, welches ist der Wert der Familie, welcher ich vorstehe? so stellt er sich diese Fragen, zum Unterschied von den übrigen Festtagen unserer Kirche, vorzugsweise mit Beziehung auf das Vaterland und fragt sich: Habe ich mich und mein Haus so geführt, dass ich imstande bin, dem Ganzen zum Nutzen und zur bescheidenen Zierde zu gereichen, und zwar nicht in den Augen der unwissenden Welt, sondern in den Augen des höchsten Rich-

[126] Keller 21 (1947), S. 337 f.

ters? Und wenn sodann alle zusammen sich fragen: Wie stehen wir heute da als Volk vor den Völkern und wie haben wir das Gut verwaltet, das uns gegeben wurde? so dürfen wir nicht mit eitlem Selbstruhm vor den Herrn aller Völker treten, der alles Unzureichende durchschaut und das Glück von ehrlicher Mühewaltung, das Wesen vom Schein zu unterscheiden versteht.

Zwar ist unserm Volke neulich Ehre geworden bei edlen und grossen Völkern, welche das zu erringen trachten, was wir besitzen, und unsere Absendlinge als Beispiele und Lehrer in den Hantierungen nationalen Lebens gepriesen haben, und erleuchtete Staatsgelehrte weisen schon allerwärts auf unsere Einrichtungen und Gebräuche als auf ein Vorbild hin. Aber wenn auch, wie einer unserer Redner am frohen Volksfeste es aussprach, der grosse Baumeister der Geschichte in unserem Bundesstaate nicht sowohl ein vollgültiges Muster als einen Versuch im kleinen, gleichsam ein kleines Baumodell aufgestellt hat, so kann derselbe Meister das Modell wieder zerschlagen, sobald es ihm nicht mehr gefällt, sobald es seinem grossen Plane nicht entspricht.

Und es würde ihm nicht mehr entsprechen von der Stunde an, da wir nicht mehr mit männlichem Ernste vorwärts streben, unerprobte Entschlüsse schon für Taten halten und für jede mühelose Kraftäusserung in Worten uns mit einem Freudenfeste belohnen wollten. [...]

Was unsere kantonale Gesetzgebung betrifft, so dürfte es hier der Ort sein, eines kurzen aber vielleicht folgennahen Gesetzes zu erwähnen, welches seit dem letzten Bettage geschaffen wurde. Der von Euch erwählte Grosse Rat, liebe Mitbürger, hat mit einigen wenigen Paragraphen das seit Jahrtausenden geächtete Volk der Juden für unsern Kanton seiner alten Schranken entbunden, und wir haben keine Stimmen vernommen, die sich aus Eurer Mitte dagegen erhoben hätten. Ihr habt Euch dadurch selbst geehrt, und Ihr dürft mit diesem Gesetze, das ebensosehr von der Menschenliebe wie aus Gründen der äussern Politik endlich geboten war, am kommenden Bettage getrost vor den Gott der Liebe und der Versöhnung treten. An Euch wird es sodann sein, das geschriebene Gesetz zu einer fruchtbringenden lebendigen Wahrheit zu machen, indem Ihr den Entfremdeten und Verfolgten auch im gesellschaftlichen Verkehr freundlich entgegengehet und ihrem guten Willen, wo sie solchen zeigen, behilflich seid, ein neues bürgerliches Leben zu beginnen. Was der verjährten Verfolgung und Verachtung nicht gelang, wird der Liebe gelingen; die Starrheit dieses Volkes in Sitten und Anschauungen wird sich lösen, seine Schwächen werden sich in nützliche Fähigkeiten, seine mannigfaltigen Begabungen in Tugenden verwandeln, und Ihr werdet eines Tages das Land bereichert haben, anstatt es zu schädigen, wie blinder Verfolgungsgeist es wähnt. [...]

Möge am 21. Herbstmonat unsere Landeskirche in ihren einfachen Räumen ein einfach frommes, hell gesinntes Volk vereinen! Möge aber auch der nicht kirchlich gesinnte Bürger im Gebrauche seiner Gewissensfreiheit nicht in unruhiger Zerstreuung diesen Tag durchleben, sondern mit stiller Sammlung dem Vaterlande seine Achtung beweisen.“[127]

*

Als letztes Gedicht noch einmal ein nächtlicher Text, der dokumentiert, dass Keller – obwohl kein Kirchenchrist – von einem tief religiösen Geist geprägt war:

---

[127] Ebenda, S. 228 ff.

„Unter Sternen

Wende dich, du kleiner Stern,
Erde! wo ich lebe,
dass mein Aug', der Sonne fern,
sternenwärts sich hebe!

Heilig ist die Sternenzeit,
öffnet alle Grüfte;
strahlende Unsterblichkeit
wandelt durch die Lüfte.

Mag die Sonne nun bislang
andern Zonen scheinen,
hier fühl ich Zusammenhang
mit dem All und Einen!

Hohe Lust, im dunklen Tal,
selber ungesehen,
durch den majestät'schen Saal
atmend mitzugehen!

Schwinge dich, o grünes Rund,
in die Morgenröte!
Scheidend rückwärts singt mein Mund
jubelnde Gebete!“[128]

---

[128] Keller 1 (1931), S. 11.

Lasst uns beten:

Unser Vater im Himmel!
Geheiligt werde dein Name.
Dein Reich komme.
Dein Wille geschehe, wie im Himmel, so auf Erden.
Unser tägliches Brot gib uns heute.
Und vergib uns unsere Schuld,
wie auch wir vergeben unsern Schuldigern.
Und führe uns nicht in Versuchung,
sondern erlöse uns von dem Bösen.
Denn dein ist das Reich und die Kraft
und die Herrlichkeit in Ewigkeit. Amen.

Von Gottfried Keller gibt es keine Kirchenlieder. Lasst uns zum Schluss deshalb ein Lied von Gerhard Tersteegen miteinander singen. Wegen seiner mystischen Grundhaltung und der hochpoetischen Sprache würde es Gottfried Keller, denke ich, auch gefallen haben.

> „Gott ist gegenwärtig.
> Lasset uns anbeten
> und in Ehrfurcht vor ihn treten.
> Gott ist in der Mitte.
> Alles in uns schweige
> und sich innigst vor ihm beuge.
> Wer ihn kennt,
> wer ihn nennt,
> schlag die Augen nieder;
> gebt das Herz ihm wieder.

Luft, die alles füllet,
drin wir immer schweben,
aller Dinge Grund und Leben,
Meer ohn Grund und Ende,
Wunder aller Wunder:
Ich senk mich in dich hinunter.
Ich in dir,
du in mir,
lass mich ganz verschwinden,
dich nur sehn und finden.

Du durchdringest alles;
lass dein schönstes Lichte,
Herr, berühren mein Gesichte.
Wie die zarten Blumen
willig sich entfalten
und der Sonne stille halten,
lass mich so
still und froh
deine Strahlen fassen
und dich wirken lassen.

Mache mich einfältig,
innig, abgeschieden,
sanft und still in deinem Frieden;
mach mich reinen Herzens,
dass ich deine Klarheit
schauen mag in Geist und Wahrheit;

lass mein Herz
überwärts
wie ein Adler schweben
und in dir nur leben."[129]

Gott segne euch und behüte euch. Gott lasse sein Angesicht leuchten über euch und sei euch gnädig. Gott erhebe sein Angesicht auf euch und gebe euch Frieden. Amen.

[129] Gesangbuch, Nr. 162,1 und 4–6.

Kunstgottesdienst über eine Lithographie des St. Galler Künstlers Ben Ami (1897–1995): „Die leise Stimme Gottes.“[130]

Gnade sei mit euch und Friede von Gott, unserem Vater, und von unserem Herrn und Bruder Jesus Christus.

> „Gut ist es, den HERRN zu preisen
> und deinem Namen, Höchster, zu singen,
> am Morgen deine Güte zu verkünden
> und deine Treue in den Nächten,
> zur zehnsaitigen Laute und zur Harfe,
> zum Klang der Leier.“[131]

Lasst uns beten;

Grosser und barmherziger Gott, wir danken dir dafür, dass du auch heute für uns da bist. Du bist nicht ein ferner Gott, der irgendwo weit oben über den Wolken schwebt. In deinem Sohn bist du Mensch geworden, um uns ganz nahe zu sein und alles mit uns zu teilen. Du willst, dass wir uns freuen können. Doch oft schieben wir dich und dein gutes Angebot achtlos an den Rand. Wir vergessen dich. Oder wir denken nur ganz nebenbei an dich. Wir verspinnen uns in unseren Gedanken und Sorgen, bis das Netz, in dem wir uns selbst gefangen halten, zäh und unentwirrbar wird.

Grosser und barmherziger Gott, zerreisse dieses Netz! Rede du in dieser Stunde selbst zu uns! Gib uns deinen Geist und damit Freiheit und ein neues Leben. In der Stille breiten wir vor dir aus, wovon unser Herz erfüllt ist. ... Grosser und

[130] 23. Oktober 2011.
[131] Ps 92,2–4.

barmherziger Gott, noch einmal danken wir dir dafür, dass du für uns, aber auch für alle andern da bist. Amen.

*

„Und Mose weidete die Schafe seines Schwiegervaters Jitro, des Priesters von Midian. Und er trieb die Schafe über die Wüste hinaus und kam an den Gottesberg, den Choreb. Da erschien ihm der Bote des HERRN in einer Feuerflamme mitten aus dem Dornbusch. Und er sah hin, und sieh, der Dornbusch stand in Flammen, aber der Dornbusch wurde nicht verzehrt. Da dachte Mose: Ich will hingehen und diese grosse Erscheinung ansehen. Warum verbrennt der Dornbusch nicht? Und der HERR sah, dass er kam, um zu schauen. Und Gott rief ihn aus dem Dornbusch und sprach: Mose, Mose! Und er sprach: Hier bin ich. Und er sprach: Komm nicht näher. Nimm deine Sandalen von den Füssen, denn der Ort, wo du stehst, ist heiliger Boden. Dann sprach er: Ich bin der Gott deines Vaters, der Gott Abrahams, der Gott Isaaks und der Gott Jakobs. Da verhüllte Mose sein Angesicht, denn er fürchtete sich, zu Gott hin zu blicken. Und der HERR sprach: Ich habe das Elend meines Volks in Ägypten gesehen, und ihr Schreien über ihre Antreiber habe ich gehört, ich kenne seine Schmerzen. So bin ich herabgestiegen, um es aus der Hand Ägyptens zu erretten und aus jenem Land hinaufzuführen in ein schönes und weites Land, in ein Land, wo Milch und Honig fliessen, in das Gebiet der Kanaaniter und der Hetiter und der Amoriter und der Perissiter und der Chiwwiter und der Jebusiter. Sieh, das Schreien der Israeliten ist zu mir gedrungen, und ich habe auch gesehen, wie die Ägypter sie quälen. Und nun geh, ich sende dich zum Pharao. Führe mein Volk, die Israeliten, heraus aus Ägypten. Mose aber sagte zu Gott: Wer bin ich, dass ich zum Pharao gehen und die Israeliten aus Ägypten herausführen könnte? Da sprach er: Ich werde mit dir sein, und dies sei dir das Zeichen, dass ich dich gesandt habe: Wenn du das Volk aus Ägypten herausgeführt hast, werdet ihr an diesem Berg Gott dienen. Mose aber sagte zu Gott: Wenn ich zu den Israeliten komme und ihnen sage: Der Gott eurer Vorfahren hat mich zu euch gesandt, und sie sagen zu mir: Was ist sein Name?, was soll ich ihnen dann sagen? Da sprach Gott zu Mose: Ich werde sein, der ich sein werde. Und er sprach: So sollst du zu den Israeliten sprechen: Ich-werde-sein hat mich zu euch gesandt."[132]

Liebe Gemeinde!

Ausgangspunkt der heutigen Predigt ist das Bild eines St. Galler Künstlers: Ben Ami, geboren 1897 in der Nähe von Warschau als Sohn einer polnisch-jüdischen Familie. Auf dem Umweg über Jerusalem, Paris und Strassburg kam er 1931 nach St. Gallen und wurde hier ein erfolgreicher Kaufmann. Die künstlerische Tätigkeit war aber mehr als ein Steckenpferd für ihn. Sowohl in Jerusalem in den Jahren nach dem Ersten Weltkrieg als auch in Paris ab 1929 hatte er sich als Kunstmaler ausbilden lassen. Ich selbst lernte ihn in den Achtzigerjahren kennen, als er schon ein alter Mann war. In seiner lebhaften Art erzählte er davon, wie er als junger Mann in Paris als sogenannter Eintänzer in einem Nachtlokal Geld verdienen musste. D.h., seine Aufgabe war, in den frühen Abendstunden zu tanzen, damit Passanten das Gefühl hatten, in diesem Lokal sei etwas los, und es dann ebenfalls betraten.

Ich lernte ihn also in den Achtzigerjahren kennen. Er lud mich in sein Atelier ein. Wegen Altersbeschwerden konnte er nicht mehr grossformatige Ölbilder malen, wie er es am liebsten gemacht hatte. Dafür hatte er Privatunterricht im

[132] Ex 3,1–13.

Lithographieren genommen, das war körperlich weniger anstrengend. Und damals – 1985 – entstand sein Zyklus über die Zehn Gebote.

Eine seiner Lithographien hat er mir geschenkt, zum Dank dafür, dass ich im St. Galler Tagblatt einen Artikel über seinen Zyklus schrieb. Das Bild hängt bei uns im Schlafzimmer und zeigt Ben Amis Interpretation der Geschichte von der Berufung des Mose. (Es ist der Text, den wir vorhin gehört haben.)

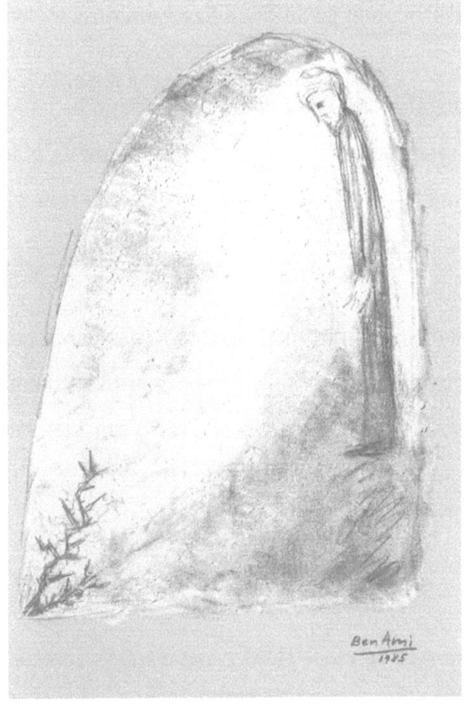

Ben Ami: Mose und der brennende Dornbusch (Lithographie 1985)[133]

Das Bild hat mich, seit ich es kenne, tief berührt, weil es so ungewöhnlich zart ist. Ich denke, es hilft uns, den Bibeltext besser zu verstehen. Und zwar geht es dabei primär um Gott bzw. um unser Gottesbild.

[133] Reproduktion mit freundlicher Genehmigung von Patricia Guggenheim-Ami, St. Gallen.

Ein grosses Problem im Zusammenhang mit Gott besteht ja wohl darin, dass man sich das Göttliche meistens viel zu spektakulär, zu gewaltig vorstellt. Auch die Bibel – gerade etwa die Mose-Geschichten – ist nicht ganz unschuldig daran. Sie alle wissen es: Im Geschichtenkranz vom Auszug aus Ägypten und von der Wüstenwanderung wird gelegentlich eher dick aufgetragen. Man denke an die ägyptischen Plagen und an den Durchzug durchs Schilfmeer, wo gemäss der einen Darstellung die geretteten Israeliten zwischen hoch ragenden Wassermauern schreiten. Und auch in den Geschichten von der Gesetzgebung am Sinai hören wir von Donner und Blitz und gewaltigen Erschütterungen der Erde.

Ein derartiges Gottesbild mag zwar eindrücklich sein, es kann aber auch zu Anfechtungen und zu Glaubensmühen führen. Wenn Gott so mächtig und gewaltig ist, mögen einige fragen, wo bleibt er dann angesichts schrecklicher Kriege und anderer Katastrophen heute?

In diesem Zusammenhang dünkt mich wichtig, dass bereits die Bibel Korrekturen an solchen Gottesbildern vornimmt. Viele von Ihnen kennen die Geschichte vom Propheten Elia am Gottesberg Choreb (also am gleichen Ort, an dem die Geschichte vom brennenden Dornbusch spielt).

Hören wir den entsprechenden Abschnitt aus 1. Könige 19:

> „Und dort kam er zu einer Höhle, und er übernachtete dort. Und sieh, da erging an ihn das Wort des HERRN, und er sprach zu ihm: Was tust du hier, Elija? Und er sprach: Ich habe wahrlich geeifert für den HERRN, den Gott der Heerscharen! Denn die Israeliten haben deinen Bund verlassen, deine Altäre haben sie niedergerissen und deine Propheten haben sie mit dem Schwert umgebracht. Und ich allein bin übrig geblieben, sie aber haben danach getrachtet, mir das Leben zu nehmen. Da sprach er:

Geh hinaus und stell dich auf den Berg vor den HERRN! Und sieh – da ging der HERR vorüber. Und vor dem HERRN her kam ein grosser und gewaltiger Sturmwind, der Berge zerriss und Felsen zerbrach, in dem Sturmwind aber war der HERR nicht. Und nach dem Sturmwind kam ein Erdbeben, in dem Erdbeben aber war der HERR nicht. Und nach dem Erdbeben kam ein Feuer, in dem Feuer aber war der HERR nicht. Nach dem Feuer aber kam das Flüstern eines sanften Windhauchs. Als Elija das hörte, verhüllte er sein Angesicht mit seinem Mantel. Dann ging er hinaus und trat an den Eingang der Höhle. Und sieh, da sprach eine Stimme zu ihm: Was tust du hier, Elija?"[134]

Der Prophet muss sich hier sagen lassen, dass er sich das Göttliche falsch, d.h. zu grobklotzig, vorgestellt hat. Gott ist nicht im Sturm, nicht im Erdbeben und nicht im Feuer, sondern – wie es wörtlich heisst – im „Flüstern eines sanften Windhauchs", oder wie der grosse jüdische Gelehrte Martin Buber übersetzte: „[in der] Stimme verschwebenden Schweigens."[135] Gott ist ganz fein und unaufdringlich, und er wirkt verborgen.

Ähnliches finden wir in der Jesusüberlieferung im Neuen Testament, etwa dort, wo Jesu Jünger ihn auffordern, Feuer vom Himmel über ein ungastliches Samaritanerdorf fallen zu lassen, und wo er sie schroff zurückweist.[136] Auch Gleichnisse Jesu deuten in die gleiche – ganz unspektakuläre – Richtung, etwa dort, wo er das Reich Gottes mit einem Senfkorn oder mit Sauerteig vergleich.[137] Und besonderes wichtig ist eine andere Stelle im Lukasevangelium. Auch diese werden wir jetzt hören:

[134] 1Kön 19,9–13.
[135] Bücher der Geschichte. Verdeutscht von Martin Buber gemeinsam mit Franz Rosenzweig. Köln und Olten: Jakob Hegner, neubearbeitete Ausgabe, 1969, S. 406.
[136] Lk 9,55.
[137] Lk 13,18–21.

„Als er von den Pharisäern gefragt wurde, wann das Reich Gottes komme, antwortete er ihnen: Das Reich Gottes kommt nicht so, dass man es beobachten könnte. Man wird auch nicht sagen können: Hier ist es! oder: Dort ist es! Denn seht, das Reich Gottes ist mitten unter euch.“[138]

Zurück zur Lithographie Ben Amis: Ich habe es schon gesagt, dass ich das Bild besonders ins Herz geschlossen habe wegen seiner Zartheit. Mose selbst, wie er hier dargestellt ist, ist feingliedrig und sensibel. Wenn man die biblischen Geschichten im Gedächtnis hat, weiss man, dass er einen langen Reifungsprozess zurückgelegt hat. In seiner Jugend war er aufbrausend und jähzornig. In an und für sich begreiflicher Empörung über einen Ägypter, der einen Sklaven misshandelte, schlug er ihn tot und musste wegen dieses Vorfalls emigrieren. Und dann geschieht vierzig Jahre lang gewissermassen nichts im Leben des Mannes, der später zur wichtigsten Gestalt der alttestamentlichen Überlieferung wurde. Vierzig Jahre lang hütet er ganz einfach Schafe. Er muss offenbar ruhiger und besonnener werden.

Und jetzt die Gottesbegegnung draussen in der Steppe, die Ben Ami so feinfühlig dargestellt hat! Der Dornbusch, der brennt und doch nicht verbrennt, ist nicht gross und spektakulär, sondern ganz klein, eine winzige Staude unten links gegen den Bildrand. Mose ist wesentlich grösser und schaut voll Staunen auf den kleinen Strauch herab. Und doch ist es dieses Unscheinbare und Kleine, von dem der Wille zur Befreiung der versklavten Israeliten ausgeht. Ich stelle mir vor, dass die Stimme, die Mose vernimmt, ganz fein ist:

[138] Lk 17,20–21.

„Sieh, das Schreien der Israeliten ist zu mir gedrungen, und ich habe auch gesehen, wie die Ägypter sie quälen. Und nun geh, ich sende dich zum Pharao. Führe mein Volk, die Israeliten, heraus aus Ägypten."[139]

Der Gott, von dem hier die Rede ist, hat ein Herz für die Unterdrückten. Aber er handelt nicht direkt mit Donner und Blitz, sondern er braucht einen Menschen als seinen Vermittler oder als sein Werkzeug, und zwar einen Menschen, der nicht ein besonderer Recke oder Held ist, sondern ein angeschlagner Mensch, den das Leben stark mitgenommen hat.

Liebe Gemeinde, ich denke, dass Ben Ami nach langer Meditation über die biblischen Texte in ihrer Gesamtheit hier eine wunderschöne Interpretation der biblischen Geschichte vor uns hingestellt hat. Ben Ami erlebte in seinem langen Leben viel. Besonders schmerzlich musste ihn das Schicksal des jüdischen Volkes berühren, zu dem er ja selbst gehörte. Und so kam er dazu, die Geschichte von der Berufung des Mose neu zu lesen. Und besonders kam er dazu, ein stilles und unspektakuläres Gottesbild zu vertreten, Gott nicht als so etwas wie ein übergrosser Superman, sondern als ein Geheimnis, das ganz still und im Verborgenen hinter denen steht, die unter Unrecht und Unterdrückung leiden.

Nebenbei gesagt: Dazu passt, wie in 2. Mose 3, unserem Predigttext, der göttliche Name Jahwe erklärt wird.

Wir hörten es vorhin gemäss der neuen Zürcher Bibel: „ Ich werde sein, der ich sein werde."[140]

---

[139] Ex 3,9–10.
[140] Ex 3,14.

Der schon einmal erwähnte jüdische Gelehrte Martin Buber übersetzte es in seiner Ausgabe der alttestamentlichen Bücher so: „Ich werde dasein, als der ich dasein werde.“[141]

Vieles schwingt in diesem Sätzlein mit: Geheimnis und Trost, besonders wichtig aber der Blick nach vorn. Wer der biblische Gott wirklich ist, ist jetzt noch unscharf und nicht ganz klar, sondern erweist sich erst in der Zukunft.

Mit dem Apostel Paulus im 1. Korintherbrief:

> „Denn jetzt sehen wir alles in einem Spiegel, in rätselhafter Gestalt, dann aber von Angesicht zu Angesicht. Jetzt ist mein Erkennen Stückwerk, dann aber werde ich ganz erkennen […].“[142]

Liebe Gemeinde, so wie ich ihn kennen gelernt habe, denke ich, dass Ben Ami mit dieser meiner Predigt einverstanden wäre. Im Jahr 1995 ist er hoch betagt gestorben. – Ich möchte für heute abbrechen und nur noch sagen: Ich wünsche uns allen einen guten Sonntag. Amen.

---

[141] Bücher der Weisung. Verdeutscht von Martin Buber gemeinsam mit Franz Rosenzweig. Köln und Olten: Jakob Hegner, neubearbeitete Ausgabe, 1954, S. 158.
[142] 1Kor 13,12.

Kunstgottesdienst über Albert Ankers (1831–1910) Gemälde „Kleinkinderschule auf der Kirchenfeldbrücke“[143]

„Ein Gebet des Mose, des Gottesmanns.
Herr, ein Hort
  warst du uns
  von Generation zu Generation.
Noch ehe Berge geboren wurden
  und Erde und Erdkreis in Wehen lagen,
bist du, Gott, von Ewigkeit zu Ewigkeit.
Du lässt den Menschen zum Staub zurückkehren
  und sprichst: Kehrt zurück, ihr Menschen.
Denn in deinen Augen sind tausend Jahre
  wie der gestrige Tag, wenn er vorüber ist,
  und wie eine Wache in der Nacht.
Du raffst sie dahin,
  ein Schlaf am Morgen sind sie
  und wie das Gras, das vergeht.
Am Morgen blüht es, doch es vergeht,
  am Abend welkt es und verdorrt.
Denn wir schwinden dahin durch deinen Zorn,
  und durch deinen Grimm werden wir hinweggeschreckt.
Du hast unsere Sünden vor dich gestellt,
  unsere verborgene Schuld ins Licht deines Angesichts.
All unsere Tage gehen dahin unter deinem Zorn,
  unsere Jahre beenden wir wie einen Seufzer.
Unser Leben währt siebzig Jahre,
  und wenn es hoch kommt, achtzig Jahre.

---

[143] 21. Oktober 2012.

Und was an ihnen war, ist Mühsal und Trug.
 Denn schnell ist es vorüber, im Flug sind wir dahin.
Wer erkennt die Gewalt deines Zorns
 und deinen Grimm, wie es die Furcht vor dir verlangt?
Unsere Tage zu zählen, lehre uns,
 damit wir ein weises Herz gewinnen.
Kehre zurück, HERR! Wie lange noch?
 Habe Mitleid mit deinen Dienern.
Sättige uns am Morgen mit deiner Gnade,
 so werden wir jubeln und uns freuen alle unsere Tage.
Erfreue uns so viele Tage, wie du uns beugtest,
 so viele Jahre, wie wir Unglück schauten.
Lass deine Diener dein Walten schauen
 und ihre Kinder deine Herrlichkeit.
Und die Freundlichkeit des Herrn, unseres Gottes, sei über uns,
 gib dem Werk unserer Hände Bestand,
 ja, gib dem Werk unserer Hände Bestand."[144]

Liebe Gemeinde!

Das Bild, das ich zusammen mit Ihnen betrachten möchte, ist wohl vielen von Ihnen bekannt. Es hängt im Kunstmuseum in Bern und ist eines der berühmtesten Gemälde Albert Ankers, eine der Krönungen seines Lebenswerks. Es entstand im Jahr 1900. Der Künstler war 69 Jahre alt. Wenige Monate später erlitt er einen Schlaganfall, der ihm den Pinsel aus der Hand nahm. In seinen letzten Lebensjahren konnte er nicht mehr mit Ölfarbe, sondern nur noch mit Wasserfarbe arbeiten.

---

[144] Ps 90.

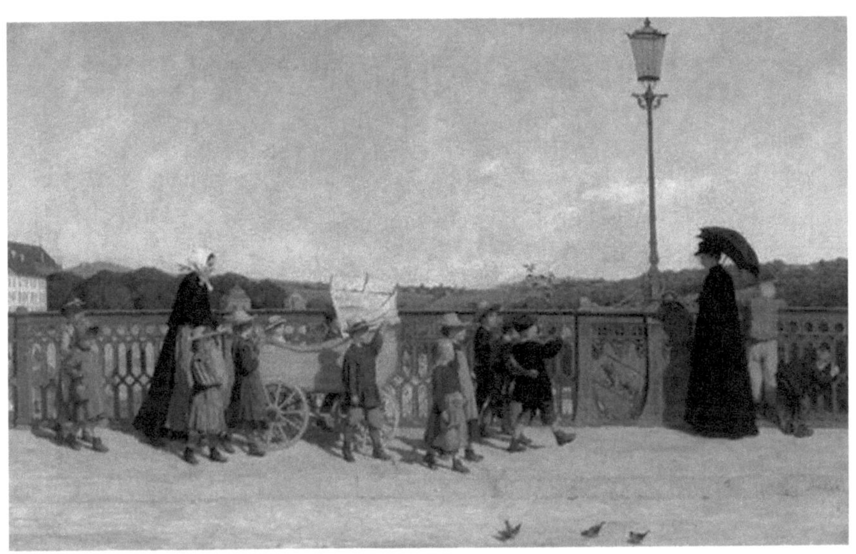

Albert Anker (1831–1910): Kleinkinderschule auf der Kirchenfeldbrücke (1900)

Erhaltene Skizzen und Entwürfe aus dem Nachlass dokumentieren einen längeren Entstehungsprozess dieses Bildes. Selbstverständlich ist es nicht das Gleiche wie eine Fotografie. Es wurde im Atelier gemalt und mit äusserster Sorgfalt komponiert. Nichts wurde dem Zufall überlassen. Als junger Mann hatte Anker evangelische Theologie studiert. Zeit seines Lebens blieb er dem christlichen Glauben treu. Das Bild, das wir vor uns haben, ist so etwas wie eine gemalte Predigt.

Schauen wir es genauer an! Die Kirchenfeldbrücke in Bern war damals noch neu, eine kühne Eisenkonstruktion hoch über der Aare, eingeweiht 1883. Die Brücke ist 229 Meter lang und 37 Meter hoch. Auch heute schwindelt einen, wenn man darüber geht und man über den Eisenzaun in die Tiefe schaut – wie die Bubengruppe ganz rechts auf dem Bild. Ein älterer späht über das Geländer, während ein jüngerer durch Zwischenräume darin neugierig in die Tiefe blickt. Für Albert Anker war diese Brücke so etwas wie ein Gleichnis unseres Lebens. Wir schreiten über einen Abgrund. Völlige Sicherheit gibt es nicht. Auch die gewaltigsten Produkte des menschlichen Erfindergeists und der Technik können einbrechen und zusammenstürzen.

Es gibt zwei gegenläufige Bewegungen auf dem Bild: Von links kommt eine Diakonisse, Kindergärtnerin von Beruf, mit einer Kindergruppe daher. Diakonissen waren damals Beispiele einer frühen, christlich geprägten Frauenemanzipation. Sie wollten sich nicht an eine Familie binden. Sondern sie lebten in einer freien Gemeinschaft und verdienten sich ihren Lebensunterhalt selbst. Die Kindergruppe ist eine bunte Schar. Die Kleinsten sitzen in einem grossen Korbwagen. Einige helfen ihrer Kindergärtnerin beim Ziehen oder Schieben. Ganz zuhinterst passt ein älteres Mädchen auf ein kleineres auf. Vor dem Wagen gehen zwei Mädchen Hand in Hand. Drei Buben, von denen einer einen Zweig in der Hand schwingt, bilden die Spitze des Zuges – abgesehen von den beiden schon erwähnten, die neugierig und kühn in den Abgrund blicken. Der Zug strahlt viel Lebensfreude und Zukunftserwartung aus. Albert Anker war ein Verehrer Pestalozzis, als Theologiestudent hatte er eine Seminararbeit über ihn geschrieben. Anker liebte die Kinder und war Vorkämpfer nicht einer autoritären, sondern einer freiheitlichen Erziehung. Ein Kind darf ein unbeschwertes Kind sein.

Doch jetzt zur anderen Bewegung im Bild! Von rechts kommt eine schwarz gekleidete Frau mit einem schwarzen Sonnenschirm. Wie man früher sagte, trägt die Dame Trauer. Offensichtlich ist ihr jemand gestorben, der zu ihrer Familie gehörte. Damit, dass man schwarze Kleider trug (heute ist das kaum mehr üblich), drückte man aus, dass man in einer schwierigen Lebenssituation auf Rücksicht angewiesen war. Man war trostbedürftig und bat gewissermassen um Verzeihung dafür, dass man nicht zu Spässen aufgelegt war.

Die Kindergruppe und die Dame in Trauer gehen also aufeinander zu. Diese Gegenbewegung gibt dem Bild Dramatik. Albert Anker hat mit diesem Konzept das menschliche Leben mit seinen Höhen und seinen Tiefen eingefangen. Mit dem Buch des Predigers im Alten Testament:

„Zeit zum Gebären
  und Zeit zum Sterben,
Zeit zum Pflanzen
  und Zeit zum Ausreissen des Gepflanzten,
Zeit zum Töten
  und Zeit zum Heilen,
Zeit zum Einreissen
  und Zeit zum Aufbauen,
Zeit zum Weinen
  und Zeit zum Lachen,
Zeit des Klagens
  und Zeit des Tanzens […].“[145]

Ergänzen dürfen wir:

Zeit zum Jungsein
  und Zeit zum Älterwerden,
Zeit zum der Zukunft Entgegenschreiten
  und Zeit zur Rückschau,
Zeiten der Zuversicht
  und Zeiten der Angst,
Zeiten des Kennenlernens und damit der Neugier,
  und Zeiten des Loslassens und des Abschieds.

[145] Koh 3,2–4.

Wenn man Ankers Bild nur oberflächlich betrachtet, empfindet man es vielleicht nur als eine heitere Illustration. Sobald man genauer hinsieht, fängt man etwas von der Botschaft des Künstlers an zu spüren. Dabei sagt es nicht allen das Gleiche. Denjenigen, die sich eher mit der jungen Diakonisse und der Kindergruppe identifizieren, sagt das Bild: „Denk, bitte, an das Ende!“ Alles Glück ist wie Glas. Es braucht wenig, dass es wie Scherben auf dem Boden liegt und nicht mehr zusammengeleimt werden kann. Wenn du in die Zukunft schreitest, prüfe sorgfältig, wo du hintrittst. Aus diesem Grund ist ja auch der Beruf der Kindergärtnerin so wichtig. Sie – wie vor ihr bereits die Eltern und nach ihr weitere Lehrpersonen – tragen eine hohe Verantwortung für die anvertrauten Kinder.

Aber es gibt zweifellos auch andere Betrachterinnen und Betrachter dieses Bildes, die sich eher mit der Dame in Trauer identifizieren. Besonders die Älteren unter uns haben schon mehrfach Abschied nehmen müssen. Manchmal war der Tod, der uns jemanden, der uns nahestand, entriss, wenn ich so sagen darf, mindestens einigermassen natürlich, besonders wenn ein Mensch im hohen Alter stirbt. Es gibt aber auch schwierige Todesfälle, etwa wenn die Generationenfolge nicht eingehalten wird und Jüngere vor den Älteren sterben. Besonders schmerzlich ist immer der Tod von Kindern. Aber auch wenn Angehörige unserer eigenen Generation von uns gehen, wühlt es uns auf. Und dann identifizieren wir uns eben mit der Frau in schwarzen Kleidern. Es sieht so aus, dass sie die Kindergruppe, die ihr entgegenkommt, gar nicht richtig wahrnimmt. Ihr und allen, die sich mit ihr identifizieren, ruft das Bild zu: „Versuche doch, dich von deiner Trauer bis zu einem gewissen Grad zu lösen!“ Die Kinder rufen in Erinnerung, dass das Leben weitergeht. Immer neu wird eine neue Generation geboren. Bis zu einem gewissen Grad ist es sogar nötig, dass die ältere Generation der jüngeren Platz macht.

Als Schriftlesung haben wir Psalm 90 gehört, diesen höchst eindrücklichen Text aus dem Alten Testament. Vielerorts wird er gern am Silvester gelesen, wenn man sich des Wechsels der Zeit besonders intensiv bewusst wird.

Lassen Sie mich einige Verse wiederholen – und zwar diesmal nicht aus der Zürcher Bibel wie in der Schriftlesung, sondern aus der alten Lutherbibel, die auch Albert Anker gekannt und geliebt hat:

> „[…] HERR, Gott, du bist unsre Zuflucht für und für.
> Ehe denn die Berge wurden und die Erde und die Welt geschaffen wurden, bist du, Gott, von Ewigkeit zu Ewigkeit,
> der du die Menschen lässest sterben und sprichst: Kommt wieder, Menschenkinder!
> Denn tausend Jahre sind vor dir wie der Tag, der gestern vergangen ist, und wie eine Nachtwache.
> Du lässest sie dahinfahren wie einen Strom; sie sind wie ein Schlaf, gleichwie ein Gras, das doch bald welk wird,
> das da frühe blüht und bald welk wird und des Abends abgehauen wird und verdorrt.“[146]

Es geht hier um das Phänomen der Vergänglichkeit und um das Staunen vor der Dimension der Ewigkeit.

Die Verse über den Zorn Gottes will ich jetzt überspringen, da sie ein eigenes Predigtthema wären. Und wenn ich es recht verstanden habe, hat Albert Anker die düsteren Aspekte Gottes weniger stark gewichtet als Gottes Liebe. Seine Bilder sind deshalb in einen warmen Lichtglanz gehüllt.

---

[146] Ps 90,1–6 (Lutherbibel von 1912).

Aber dann kommen im gleichen Psalm, gerade in der alten Lutherübersetzung, weitere Verse, die wie kostbare Edelsteine funkeln:

> „Unser Leben währet siebzig Jahre, und wenn's hoch kommt, so sind's achtzig Jahre, und wenn's köstlich gewesen ist, so ist es Mühe und Arbeit gewesen […].“

Dieser Vers hat Albert Anker ganz gewiss beeindruckt. Und dann kommt ein weiterer Vers:

> „Lehre uns bedenken, dass wir sterben müssen, auf dass wir klug werden.“

Ich vermute, dass man diesen Vers als Titel über Ankers Bild von der Kirchenfeldbrücke stellen könnte, und man hätte fast alles gesagt.

In vielen Fällen lohnt es sich, verschiedene Bibelübersetzungen miteinander zu vergleichen.

Etwa die Gute Nachricht übersetzt diesen Vers so:

> „Lass uns erkennen, wie kurz unser Leben ist, damit wir zur Einsicht kommen.“

Oder die Zürcher Bibel sagt:

> „Unsere Tage zu zählen, lehre uns, damit wir ein weises Herz gewinnen

Klug werden, zur Einsicht kommen oder ein weises Herz gewinnen: In leicht verschiedenen Variationen geht es immer um das Gleiche, und zwar um den Gewinn, der uns aus dem Bedenken unserer Sterblichkeit erwächst. Man wird klüger, einsichtiger und weiser – und ganz besonders geht man viel behutsamer und verantwortungsbewusster mit allem um, was uns anvertraut ist.

Und zuletzt der Schluss des Psalms:

> „Zeige deinen Knechten deine Werke und deine Ehre ihren Kindern. Und der HERR, unser Gott, sei uns freundlich und fördere das Werk unsrer Hände bei uns; ja, das Werk unsrer Hände wolle er fördern!"

Besonders gut zum Bild Albert Ankers passt hier, dass verschiedene Generationen angesprochen sind: Die Knechte (und natürlich auch die Mägde) Gottes *und* ihre Kinder!

Liebe Gemeinde, damit schliesse ich und wünsche allen einen guten Sonntag.

Amen.[147]

[147] Freunde von mir, die diese Predigt hörten, haben mich darauf angesprochen, ob nicht auch die übergrosse Strassenlampe auf dem Bild eine symbolische Bedeutung habe – als Hinweis auf das Licht Gottes. Ich überlasse es Ihnen, liebe Leserin, lieber Leser, sich solche Gedanken zu machen. Ich schliesse diese Deutung nicht aus, möchte das Bild aber nicht zu stark allegorisieren.

Erinnerung an Ludwig Hätzer (um 1500–1528)[148]

In meiner heutigen Predigt möchte ich einen etwas besonderen Weg einschlagen. Ausgangspunkt ist nicht ein einzelner Bibeltext – auch wenn die Bibel im Hintergrund steht –, sondern ein Menschenschicksal, das mich berührt, ein Menschenschicksal auf dem Weg der Nachfolge Jesu. Deshalb möchte ich an den Beginn ein Jesuswort stellen:

> „Wer mir nachfolgen will, der verleugne sich selbst und nehme sein Kreuz auf sich und folge mir nach. Denn wer sein Leben erhalten will, der wird's verlieren; und wer sein Leben verliert um meinetwillen und um des Evangeliums willen, der wird's erhalten. Denn was hülfe es dem Menschen, wenn er die ganze Welt gewönne und nähme an seiner Seele Schaden?“[149]

Der Mann, von dem ich erzählen will, ist den wenigsten bekannt. Auch ich kannte ihn bis vor kurzem nicht, stiess recht zufällig auf ihn. Aber sein Leben und seine Person haben mich spontan beeindruckt. Er heisst Ludwig Hätzer,[150] geboren um das Jahr 1500 in Bischofszell. Am 4. Februar 1529 – also nur rund 28 Jahre alt – wurde er in Konstanz geköpft, ein kurzes Leben, das tragisch endete. Der offizielle Grund für das Todesurteil war Ehebruch. Und aus dem Wenigen, was wir über ihn wissen, geht hervor, dass der junge Mann in der Tat mehrfach Frauengeschichten hatte. Er war kein Heiliger. Seine Lebensgeschichte machte es ihm aber auch nicht leicht, ein treuer Ehemann zu sein. Während seiner letzten Jahre wurde er aus religiösen Gründen von Stadt zu Stadt gehetzt. Er war ein zu unkonventioneller Christ, passte in keine Schublade, wohl – wenn

[148] 26. Juli 2009.
[149] Mk 8,34–36 (Lutherbibel von 1912).
[150] Vgl.: Frank Jehle: Ludwig Hätzer (1500–1529) – der „Ketzer“ aus Bischofszell. In: Thurgauer Beiträge zur Geschichte, Band 147 (2010). Frauenfeld: Verlag des Historischen Vereins des Kantons Thurgau, 2011, S. 7–125.

ich so sagen darf – ein typischer Intellektueller, der immer zwei Seiten an einer Sache sieht, sich nicht endgültig festlegen kann.

Ludwig Hätzer stammte aus einer wohlhabenden Familie. Er wollte Priester werden, und wurde es auch. Nach Studien an der Universität Basel finden wir ihn 1520 als Kaplan in Wädenswil am Zürichsee. Doch schnell kam er in Berührung mit dem Gedankengut der Reformation. Ab 1523 treffen wir ihn in Zürich, wo er zum Kreis um Zwingli gehört. Er schreibt eine flammende Schrift gegen die Bilderverehrung und wird im Oktober 1523 Protokollführer der Zweiten Zürcher Disputation. Doch dann trennt er sich von Zwingli, weil er sich mit dessen Vorstellungen von einer Staatskirche nicht identifizieren kann. Eine vom Staat völlig getrennte Frei- oder Freiwilligkeitskirche schwebt ihm vor. Die Menschen sollen freiwillig glauben und nicht unter staatlichem Zwang. Eine Zeitlang hat er Sympathien für die Täuferbewegung, für die Leute, die die Glaubenstaufe forderten und die Säuglingstaufe deshalb ablehnten. Damit hängt zusammen, dass sein unstetes Wanderleben anfängt. Überall ist sein unruhiger und heller Geist gefürchtet. Doch auch mit den Täufern kann er sich letztlich nicht identifizieren, weil sie ihm intellektuell zu eng, zu fundamentalistisch sind. Er wagt es, selbständig über den christlichen Glauben nachzudenken, hinterfragt die klassischen christlichen Dogmen – besonders dasjenige von der Trinität –, die er als zu starr empfindet. Endlich wendet er sich der Mystik zu, einer offeneren Form von Religion ohne Buchstabenglauben. Sein wohl wichtigstes Buch, in dem er selbständig über Jesus denkt, ist von seinen Gegnern leider vernichtet worden, ebenfalls die meisten seiner Gedichte.

Erhalten blieb eine Übersetzung der Prophetenbücher des Alten Testaments (von Jesaja bis Maleachi) aus dem Hebräischen ins Deutsche, die früher als die entsprechenden Teile der Zürcher und der Lutherbibel erschien. Wegen ihrer sprachlichen Exaktheit machte sie selbst Luther Eindruck. Hätzer hatte keine

Scheuklappen und konsultierte auch – was damals unüblich war oder sogar schief angesehen wurde – jüdische Gelehrte.

Doch Ende 1528 und Anfang 1529, der Prozess in Konstanz, das damals eine reformierte Stadt war! Inzwischen hatte Hätzer geheiratet und lebte mit seiner jungen Frau wohl bei seinem Vater in Bischofszell. Steckbrieflich gesucht, lief er in eine Falle. Eine längst nicht mehr aktuelle Frauengeschichte holte ihn ein. Eindeutig ist, dass der eigentliche Grund für seine Hinrichtung sein Glaube war. Ehebrecher wurden damals in Konstanz nicht mit dem Tod bestraft. Hätzer war ein Sonderfall. Seine Enthauptung war schon damals ein Justizmord. Sogar seine Gegner waren davon beeindruckt, wie tapfer er starb. Bevor er hingerichtet wurde, las er einen Psalm aus dem Alten Testament und betete. Schon vorher hatte er bei der Urteilsverkündigung um Verzeihung gebeten, seinen Vater und seine junge Frau der Obrigkeit anempfohlen und diese selbst zu Gerechtigkeit und Barmherzigkeit ermahnt – besonders gegenüber den Gefangenen. Der spätere Bischofszeller Pfarrer Johannes Zwick (Dichter des Lieds „All Morgen ist ganz frisch und neu“) schreibt in seinem Bericht über diese Ereignisse, ein herrlicherer und mannhafterer Tod sei in Konstanz noch nie gesehen worden.

Doch warum ist dieser Ludwig Hätzer ein Predigtthema für mich? Zum einen halte ich es für eine wichtige Aufgabe aller Christinnen und Christen, dass sie sich auf die Seite derer stellen, die in ihrem Leben irgendwie zu kurz gekommen sind, die man um ihr Lebensglück geprellt hat. Auf seine Weise hat Hätzer versucht, Jesus nachzufolgen. Trotz seiner Frauengeschichten kann man von ihm sagen, dass er in Sachen Religion keine billigen Kompromisse machen wollte. Er wollte seinen Glauben ganz durchdenken, auch wenn ihn das in Schwierigkeiten brachte.

Noch einmal das Jesuswort:

„Wer mir will nachfolgen, der verleugne sich selbst und nehme sein Kreuz auf sich und folge mir nach. Denn wer sein Leben will behalten, der wird's verlieren; und wer sein Leben verliert um meinet- und des Evangeliums willen, der wird's behalten. Was hülfe es dem Menschen, wenn er die ganze Welt gewönne, und nähme an seiner Seele Schaden?“

Im Vorübergehen habe ich bereits erwähnt: Ludwig Hätzer dichtete auch Kirchenlieder. Eines davon wurde im Jahr 1533 ins St. Galler Kirchengesangbuch aufgenommen, das älteste reformierte Gesangbuch der deutschsprachigen Schweiz. In modernen Gesangbüchern ist es leider nicht mehr enthalten.[151] Das Lied ist eine Nachdichtung von Psalm 37 und zeugt nicht nur von der hohen Sprachbegabung Hätzers – es hat eine sprachliche Kraft, die man durchaus mit derjenigen Luthers vergleichen kann –, sondern es strahlt ein unverwüstliches Gottvertrauen aus. Der Dichter ist überzeugt davon, dass nichts, aber auch wirklich nichts uns aus der Hand Gottes reissen kann. Das war ja auch wohl der Grund dafür, weshalb er – jedenfalls von aussen gesehen – so gefasst in seinen vorzeitigen und brutalen Tod gehen konnte.

Ich möchte einige Strophen aus dem für heutige Begriffe mit 23 Strophen etwas langen Lied zitieren. Sie geben uns Anteil an Hätzers Frömmigkeit. Und sie lassen es wohl etwas besser verstehen, weshalb mich Hätzer berührt und tief beeindruckt:

Erzürn dich nit o frommer[152] Christ
Vorm nyd[153] thů dich behuͤten /

[151] Vgl. Dominik Zili: Zu Lob und Dank Gottes. Das St. Galler Kirchengesangbuch von 1533, herausgegeben von Frank Jehle. St. Gallen: VGS und Zürich: TVZ 2010. Hier steht Hätzers Lied S. 19–22. Die Sprache Ludwig Hätzers entspricht der damaligen oberdeutschen Hochsprache, die sich stark von der sächsischen Kanzleisprache, die besonders Luther verwendete, unterscheidet. Meistens versteht man sie gut, wenn man auf den ersten Blick schwierig erscheinende Abschnitte laut liest.

[152] = rechtschaffener, wackerer.

[153] = Neid.

Ob schon der gottloss geschrieben[154] rycher ist
So hilfft doch nit sin wu^e ten /
Mit bain und hut[155] / glych wie dz krut[156]
Wirt er inn kurtz[157] abghowen[158] /
Sin gwalt und rych[159] / gilt eben glych
Dem grass uff gru^e ner owen[160].

Dem Herren schenck dich gantz und gar
Sins willens solt dich halten[161] /
So blybst im land in gu^o ter gwar[162]
Lass nun[163] den Herren walten /
Denn[164] wirst du dich / gantz sicherlich
On alle not erneeren /
Und gibt dir Gott on allen spott[165]
Was din hertz thu^o t begeren. |
All dine wa^e g uss frischen mu^o t
Darzu^o all dine sachen
Befilch[166] mit flyss[167] dem vatter gu^o t
Er wirt all ding wol machen /
Biss[168] du on sorg / und wart uff borg[169]

---

[154] = auf dem Papier.
[155] = mit Knochen und Haut, d.h. mit Haut und Haar.
[156] = gleich wie das Kraut.
[157] = in Kürze.
[158] = abgehauen, d.h. abgeschnitten.
[159] = Reich.
[160] = Au, Wiese.
[161] = du sollst dich an seinen Willen halten.
[162] = in guter Gewahrsam, d.h. gut aufgehoben.
[163] = nur.
[164] = dann.
[165] = ohne Scherz (gesagt), d.h. sicherlich.
[166] = befiehl.
[167] = Fleiss.
[168] = sei.
[169] = und warte, bis dir einer borgt, d.h. lebe auf Pump.

Er wirt dir nüts ufschlahen[170] /
Din recht und gricht[171] wirdt wol geschlicht
Es kompt noch alls ann tage.

Das wenig so aim Christen bluᵒt[172]
Allhie im zyt[173] wirt geben /
Ist besser dann das grosse guᵒt
Des die gottlosen gleben[174] /
Die rechte zyt / ist nimmer wyt
Dass ir arm wirt zerbrechen /
Dem Herrn sey lob / der haltet drob[175]
Er wirt die frommen[176] rechen.

Waᵉr aber fromm und redlich ist
Und flysst sich[177] Gottes von hertzen /
Den schirmpt der Herr zuᵒ aller frist
Vor angst und ouch vor schmertzen /
In hungers not / wirt haben brot
Der sich yetz muᵒss lassen bochen[178] /
Von yederman / wirt denn zmal han[179]
Was sin hertz lust[180] zuᵒ kochen.

---

170 = aufschlagen, d.h. einen Zins verlangen, möglicherweise Druckfehler für ussschlahen = ausschlagen, abschlagen.
171 = deine Art, Recht zu sprechen.
172 = das Wenige, welches einem Christenmenschen.
173 = Zeit, d.h. zu dieser irdischen Zeit.
174 = leben.
175 = der sich oben in Bereitschaft hält.
176 = die Rechschaffenen.
177 = befleissigt, d.h. bemüht sich.
178 = schlagen.
179 = dann zumal haben.
180 = gelüstet.

Biss[181] dapffer und on alle forcht
Lass dich kain unfal krencken[182] / |
Wol dem[,] der Gottes willen ghorcht
Und sich an in thu^{o}t hencken /
Uss[183] rechtem grund / mit hertz und mund
Dem wirt Gott unser vatter /
Mit seinem gaist / wie er[184] wol waisst
Byston[185] in aller marter[186].

Nun halt dich sta^{e}t und blyb darby
Lass dir die lieb nit nemmen /
Ob du mu^{o}st lyden gross gespey[187]
So wirts doch Gott wol temmen[188] /
Dess tüfels gsind und welte kind
Die yetz hoch ynha^{e}r brangen[189] /
O frommer man / keer dich nit dran
O Gott erlo^{e}ss die gfangnen."[190]

Amen.

---

181 = sei.
182 = lass dich durch kein Unglück beeinträchtigen.
183 = aus.
184 D.h. der Gläubige.
185 = beistehen.
186 = Qual, Not.
187 = Gespei. D.h. dass man dich kräftig anspeit oder anspuckt.
188 = eindämmen.
189 = hoch prangend einhergehen.
190 „O Gott erlo^{e}ss die gfangnen." Dieser Satz war Hätzers Wahlspruch, mit dem er fast ausnahmslos seine Werke als sein geistiges Eigentum markierte. Mit den Gefangenen meinte er zunächst buchstäblich die Insassen von Gefängnissen, aber zugleich metaphorisch alle, die in ihrer Freiheit beeinträchtigt sind.

Silvester: „Die Zeit, die ist ein sonderbares Ding."[191]

Gnade sei mit euch und Friede von Gott, unserem Vater, und von unserem Herrn und Bruder Jesus Christus.

„Meine Zeit steht in deinen Händen."[192] Amen.

Liebe Gemeinde! Mit diesem Psalmvers im vertrauten Wortlaut der Lutherbibel begrüsse ich alle herzlich. Das Jahr geht seinem Ende zu mit allem, was es gebracht hat. Für eine Bilanz ist es fast noch zu früh. Aber deutlicher als in anderen Momenten spüren wir den Fluss der Zeit, den man nicht aufhalten kann. Es gilt, Abschied zu nehmen und Neues zu wagen, auch wenn viel Konstantes bleibt. Silvester ist streng genommen kein christliches, sondern ein weltliches Fest. Ich denke, viele von uns werden einen gemütlichen Abend miteinander verbringen und fröhlich sein. Andere sind einsam, werden heute um Mitternacht vielleicht schon schlafen. Oder sie werden für sich allein auf die Kirchenglocken hören, die zuerst vom alten Jahr Abschied nehmen und dann das neue mit ihrem Klang begrüssen.

Aber jetzt sind wir da für einen besinnlichen Gottesdienst. Lasst uns zunächst miteinander singen. Das Lied mit den Worten des Dichters Hermann Hiltbrunner und der Melodie des Musikers Albert Moeschinger gehört zu den jüngeren Lieder in unserem Gesangbuch und ist doch bereits ein Klassiker geworden.

„Herr der Stunden, Herr der Tage,
sieh, wir stehn in deiner Hand;

[191] Silvester 2011. Der Gottesdienst wurde um 17.30 Uhr gefeiert, damit die Gemeindeglieder anschliessend gut an den „weltlichen" Silvesterfeierlichkeiten teilnehmen konnten.
[192] Ps 31,16 (Lutherbibel von 1912).

aus dem Meer von Leid und Klage
führe uns auf festes Land.

Herr der Tage, Herr der Jahre,
dieser Erde Zwischenspiel,
wende es ins Wunderbare,
weis uns aller Ziele Ziel.

Herr der Jahre, Herr der Zeiten,
dir sind wir anheimgestellt;
wollest unsre Schritte leiten,
Herr der Menschen, Herr der Welt.“[193]

Grosser und guter Gott, an diesem Altjahrabend stehen wir vor dir. Wir blicken zurück auf Schönes und Belastendes. Wir haben Beglückendes erlebt, mussten aber auch mit Enttäuschungen und Verlusten fertig zu werden versuchen. Und wir blicken nach vorn. Was verbirgt sich in der Zukunft?

Wir stehen vor dir, Ältere und Jüngere, Frauen und Männer, solche, die zufrieden sein können, und andere, die bedrückt sind. Vor dir denken wir an unsere Verwandten und Freunde, an diese Stadt und an das ganze Land, aber auch an die übrigen Länder. Probleme gibt es zuhauf. Gib denen, die Verantwortung tragen, Mut, Phantasie und Hartnäckigkeit.

In der Stille wollen wir dir Persönliches anvertrauen. …

Grosser und guter Gott, wir danken dir dafür, dass du auch heute für uns und für deine ganze Schöpfung da bist. Amen.

---

[193] Gesangbuch, Nr. 553,1–3.

Und jetzt möchte ich einen besonderen Gast unter uns begrüssen: Stefan-Alexander Rankl, vielen von uns vom Theater St. Gallen her bekannt. Wir danken Ihnen, dass Sie uns heute Abend mit Ihrer Kunst beglücken. Begleitet von unserem Organisten Rudolf Lutz singt Stefan-A. Rankl jetzt das von Felix Mendelssohn vertonte Lied zum Jahreswechsel von Johann Peter Hebel:

„Mit der Freude zieht der Schmerz traulich durch die Zeiten.
Schwere Stürme, milde Weste,
bange Sorgen, frohe Feste
wandeln sich zur Seiten.

Und wo manche Träne fällt, blüht auch manche Rose.
Schon gemischt, noch eh' wir's bitten,
ist für Thronen und für Hütten
Schmerz und Lust im Lose.

War's nicht so im alten Jahr? Wird's im neuen enden?
Sonnen wallen auf und nieder,
Wolken gehn und kommen wieder,
und kein Wunsch wird's wenden.

Gebe denn, der über uns wägt mit rechter Waage,
jedem Sinn für seine Freuden,
jedem Mut für seine Leiden
in die neuen Tage.“[194]

---

[194] Vgl. oben S. 77f.

Lesung aus Prediger 3:

„Für alles gibt es eine Stunde,
und Zeit gibt es für jedes Vorhaben unter dem Himmel:
Zeit zum Gebären
und Zeit zum Sterben,
Zeit zum Pflanzen
und Zeit zum Ausreissen des Gepflanzten,
Zeit zum Töten
und Zeit zum Heilen,
Zeit zum Einreissen
und Zeit zum Aufbauen,
Zeit zum Weinen
und Zeit zum Lachen,
Zeit des Klagens
und Zeit des Tanzens,
Zeit, Steine zu werfen,
und Zeit, Steine zu sammeln,
Zeit, sich zu umarmen,
und Zeit, sich aus der Umarmung zu lösen,
Zeit zum Suchen
und Zeit zum Verlieren,
Zeit zum Bewahren
und Zeit zum Wegwerfen,
Zeit zum Zerreissen
und Zeit zum Nähen,
Zeit zum Schweigen
und Zeit zum Reden,

Zeit zum Lieben
   und Zeit zum Hassen,
Zeit des Kriegs
   und Zeit des Friedens."[195]

So weit unsere Lesung aus Prediger 3. Selig sind, die Gottes Wort hören und bewahren. Amen.

Und jetzt singt Stefan-A. Rankl ein zweites Lied: „Die Uhr" von Carl Loewe, Text von Johann Gabriel Seidl:

„Ich trage, wo ich gehe, stets eine Uhr bei mir;
Wie viel es geschlagen habe, genau seh' ich an ihr.
Es ist ein grosser Meister, der künstlich ihr Werk gefügt,
Wenngleich ihr Gang nicht immer dem törichten Wunsche genügt.

Ich wollte, sie wäre rascher gegangen an manchem Tag;
Ich wollte, sie hätte manchmal verzögert den raschen Schlag.
In meinen Leiden und Freuden, in Sturm und in der Ruh,
Was immer geschah im Leben, sie pochte den Takt dazu.

Sie schlug am Sarge des Vaters, sie schlug an des Freundes Bahr,
Sie schlug am Morgen der Liebe, sie schlug am Traualtar.
Sie schlug an der Wiege des Kindes, sie schlägt, will's Gott, noch oft,
Wenn bessere Tage kommen, wie meine Seele es hofft.

Und ward sie auch einmal träger, und drohte zu stocken ihr Lauf,
So zog der Meister immer grossmütig sie wieder auf.

---

[195] Koh 3,1–8.

Doch stände sie einmal stille, dann wär's um sie geschehn,
Kein andrer, als der sie fügte, bringt die Zerstörte zum Gehn.

Dann müsst ich zum Meister wandern, der wohnt am Ende wohl weit,
Wohl draussen, jenseits der Erde, wohl dort in der Ewigkeit!
Dann gäb ich sie ihm zurücke mit dankbar kindlichem Flehn:
Sieh, Herr, ich hab nichts verdorben, sie blieb von selber stehn."[196]

*

Liebe Gemeinde! Da wir heute einen Opernsänger unter uns haben, beginne ich meine besinnlichen Worte mit einer Erinnerung an die Oper „Der Rosenkavalier" von Richard Strauss. Einige von Ihnen kennen sie wohl, andere vielleicht nicht. Das ist nicht entscheidend. Kurz etwas zum Inhalt – nur ganz bruchstückhaft: Im Zentrum steht unter anderem die Marschallin, eine wohl eher unglücklich verheiratete Frau, zwischen dreissig und vierzig Jahren alt. Ihr Mann ist wesentlich älter und oft abwesend. Sie ist einsam und in einen Jüngling verliebt, den sogenannten Rosenkavalier. Im Verlauf der Oper verzichtet sie aber auf ihn und hilft mit, dass ein junges Mädchen, das altersmässig besser zu ihm passt, seine Frau wird.

Nun, diese Marschallin denkt in einer wunderbaren Szene über die Vergänglichkeit und die Zeit nach. Lassen Sie mich einige Zeilen aus dieser Szene vorlesen.

Der Text ist von Hugo von Hofmannsthal:

„Die Zeit, die ist ein sonderbares Ding.
Wenn man so hinlebt, ist sie rein gar nichts.

---

[196] Ernst Ludwig Schellenberg (Hg.): Das deutsche Volkslied. 2. Band. Berlin-Lichterfelde: Hugo Bermühler Verlag, 1916, S. 282–285.

Aber dann auf einmal,
da spürt man nichts als sie:
sie ist um uns herum, sie ist auch in uns drinnen.
In den Gesichtern rieselt sie, im Spiegel da rieselt sie,
in meinen Schläfen fliesst sie.
Und zwischen mir und dir da fliesst sie wieder.
Lautlos, wie eine Sanduhr. [...]
Manchmal hör' ich sie fliessen unaufhaltsam.
Manchmal steh' ich auf, mitten in der Nacht
und lass' die Uhren alle stehen. [...]
Allein man muss sich auch vor ihr nicht fürchten.
Auch sie ist ein Geschöpf des Vaters,
der uns alle geschaffen hat."[197]

So weit die Marschallin im „Rosenkavalier"! Seit ich den Abschnitt kenne – vor fast fünfzig Jahren hörte ich ihn in der Oper von San Francisco in der Interpretation der damals weltberühmten Sängerin Elisabeth Schwarzkopf –, hat er mich beeindruckt und bewegt. Ein Mensch nimmt immer deutlicher wahr, dass die Zeit verrinnt – „lautlos, wie eine Sanduhr". Ihr Fliessen lässt sich nicht aufhalten. Man kann nicht immer jung und schön bleiben. Man muss im Leben immer von neuem Abschied nehmen. Es öffnen sich aber auch neue Räume.

Mit einem gewissen Recht sagt der St. Galler Soziologe Peter Gross in einem seiner Bücher, es sei wichtig, das Älterwerden und das Alter nicht nur in einem negativen Licht zu betrachten.[198] Älterwerden bedeutet teilweise auch, dass manche Zwänge, unter denen wir gelegentlich leiden, von uns abfallen. Man muss z.B. nicht mehr berufstätig sein, darf seinen Alltag freier gestalten. Und

[197] Hugo von Hofmannsthal: Gesammelte Werke. Dramen V. Operndichtungen. Frankfurt a. M.: Fischer Taschenbuch Verlag 1979, S. 42.
[198] Vgl. Peter Gross und Karin Fagetti: Glücksfall Alter. Freiburg i. Br.: Herder 2008.

sogar die von vielen Älteren oft beklagte Vergesslichkeit hat auch ihre guten Seiten. Es ist manchmal auch erleichternd, wenn gewisse schmerzliche Ereignisse uns nicht mehr unablässig quälen.

Ich erinnere an die Schriftlesung aus Prediger 3:

„Zeit zum Gebären
    und Zeit zum Sterben,
Zeit zum Pflanzen
    und Zeit zum Ausreissen des Gepflanzten,
„Zeit zum Töten
    und Zeit zum Heilen,
Zeit zum Einreissen
    und Zeit zum Aufbauen,
„Zeit zum Weinen
    und Zeit zum Lachen usw."

Man kann ergänzen:

Zeit zum Jungsein
    und Zeit zum Altwerden,
Zeit zum Aufbauen einer Karriere
    und Zeit für das Pensioniertsein,
Zeit zum Sparen
    und Zeit zum Ausgeben,
Zeit zum im Vordergrund stehen
    und Zeit zum ins hintere Glied Zurücktreten,

Zeit, um Verantwortung zu übernehmen,
und Zeit – oft sehr wohltuend –,
um die Verantwortung in jüngere Hände zu legen.[199]

Und so weiter und so fort!

Der Fluss der Zeit hat verschiedene Aspekte. Es gehört zur Lebensweisheit, wahrnehmen zu können, was für mich oder für Sie jetzt gerade an der Zeit ist.

Ganz kurz möchte ich zum Lied „Die Uhr" etwas sagen. Vielen Älteren unter uns ist es wohl bekannt. Es gibt berühmte Schallplattenaufnahmen vom österreichischen Tenor Richard Tauber, genannt „König des Belcanto", oder vom Bariton Heinrich Schlusnus. Dieser starb 1952. Seine Stimme ist in Wunschkonzerten aber auch heute noch gefragt.

„Ich trage, wo ich gehe, stets eine Uhr bei mir; […]
Es ist ein grosser Meister, der künstlich ihr Werk gefügt […].
[…]
Was immer geschah im Leben, sie pochte den Takt dazu.

Sie schlug am Sarge des Vaters, sie schlug an des Freundes Bahr,
Sie schlug am Morgen der Liebe, sie schlug am Traualtar […]."

Wo wir versuchen, über den Gang der Zeit von Minute zu Minute, von Stunde zu Stunde, von Tag zu Tag und von Jahr zu Jahr nachzudenken – manchmal vergeht die Zeit uns zu schnell, und manchmal scheint sie still zu stehen, was dann sehr qualvoll ist, denken wir an Menschen, die im Spital liegen und auf Genesung warten, – noch einmal: wo wir versuchen, über den Gang der Zeit von

[199] Vgl. auch oben S. 153.

Minute zu Minute usw. nachzudenken, fangen wir viel bewusster an zu leben und vermögen deutlicher, das Wesentliche vom weniger Wesentlichen zu unterscheiden.

Im „Rosenkavalier“ sagt die Marschallin von der Zeit:

> „Auch sie ist ein Geschöpf des Vaters,
> der uns alle geschaffen hat.“

Im Lied „Die Uhr“ ist von jenem „Meister“ die Rede, der die Uhr hergestellt hat und sie als einziger reparieren kann. Gott trägt auch die Zeit – und mit der Zeit auch uns – in seinen liebevollen Händen.

Doch ich möchte jetzt Stefan-A. Rankl einfach bitten, dieses Lied noch ein zweites Mal für uns zu singen. Ich denke, mit diesen Klängen im Kopf wird der heutige Sivesterabend für uns alle auf einem guten Fundament stehen. Und auch für das kommende Jahr ist es ein guter Anfang. Amen.

*

> „Ich trage, wo ich gehe, stets eine Uhr bei mir;
> Wie viel es geschlagen habe, genau seh’ ich an ihr.
> Es ist ein grosser Meister, der künstlich ihr Werk gefügt,
> Wenngleich ihr Gang nicht immer dem törichten Wunsche genügt.
>
> Ich wollte, sie wäre rascher gegangen an manchem Tag;
> Ich wollte, sie hätte manchmal verzögert den raschen Schlag.
> In meinen Leiden und Freuden, in Sturm und in der Ruh,
> Was immer geschah im Leben, sie pochte den Takt dazu.

Sie schlug am Sarge des Vaters, sie schlug an des Freundes Bahr,
Sie schlug am Morgen der Liebe, sie schlug am Traualtar.
Sie schlug an der Wiege des Kindes, sie schlägt, will's Gott, noch oft,
Wenn bessere Tage kommen, wie meine Seele es hofft.

Und ward sie auch einmal träger, und drohte zu stocken ihr Lauf,
So zog der Meister immer grossmütig sie wieder auf.
Doch stände sie einmal stille, dann wär's um sie geschehn,
Kein andrer, als der sie fügte, bringt die Zerstörte zum Gehn.

Dann müsst ich zum Meister wandern, der wohnt am Ende wohl weit,
Wohl draussen, jenseits der Erde, wohl dort in der Ewigkeit!
Dann gäb ich sie ihm zurücke mit dankbar kindlichem Flehn:
Sieh, Herr, ich hab nichts verdorben, sie blieb von selber stehn."

Lasst uns aufstehen und beten:

Grosser und guter Gott, mit unseren Hoffnungen und Erwartungen, mit unserer Angst und Unsicherheit stehen wir an der Schwelle eines neuen Jahres.

Wir bitten dich, schenke uns Kraft und Mut und Ausdauer, es auch im kommenden Jahr mit dir zu wagen. Wage du es mit *uns*! Wir danken dir dafür, dass du auch morgen und übermorgen und in der ganzen kommenden Zeit mit deiner Liebe für uns da bist.

Wir danken dir dafür, dass du uns Aufgaben gibst, auch da, wo wir uns nichts zutrauen, dass du uns Hoffnung gibst, wo wir schon aufgegeben haben.

Lass uns nicht müde werden. Lass unseren Un- und Kleinglauben nicht triumphieren.

Vor dir denken wir besonders an Einsame und Kranke, an Sterbende und an solche, die einen lieben Menschen verlieren mussten, an Flüchtlinge und Gefangene, an Hungernde und vom Krieg Bedrohte.

Unser Vater im Himmel!
Geheiligt werde dein Name.
Dein Reich komme.
Dein Wille geschehe, wie im Himmel, so auf Erden.
Unser tägliches Brot gib uns heute.
Und vergib uns unsere Schuld,
wie auch wir vergeben unsern Schuldigern.
Und führe uns nicht in Versuchung,
sondern erlöse uns von dem Bösen.
Denn dein ist das Reich und die Kraft
und die Herrlichkeit in Ewigkeit.

Amen.

Gemeinsam singen wir:

> „Nun lasst uns gehen und treten
> mit Singen und mit Beten
> zum Herrn, der unserm Leben
> bis hieher Kraft gegeben.

Wir gehen dahin und wandern
von einem Jahr zum andern;
wir leben und gedeihen
vom alten zu dem neuen

durch so viel Angst und Plagen,
durch Zittern und durch Zagen,
durch Krieg und grosse Schrecken,
die alle Welt bedecken.

Denn wie von treuen Müttern
in schweren Ungewittern
die Kindlein hier auf Erden
mit Fleiss bewahret werden,

also auch und nicht minder
lässt Gott ihm seine Kinder,
wenn Not und Trübsal blitzen,
in seinem Schosse sitzen.

Ach Hüter unsers Lebens,
fürwahr, es ist vergebens
mit unserm Tun und Machen,
wo nicht dein Augen wachen.

Gelobt sei deine Treue,
die alle Morgen neue.
Lob sei den starken Händen,
die alles Herzleid wenden. […]

Schliess zu die Jammerpforten
und lass an allen Orten
auf so viel Blutvergiessen
die Friedenströme fliessen. […]

Hilf gnädig allen Kranken;
gib fröhliche Gedanken
den hoch betrübten Seelen,
die sich mit Schwermut quälen. […]

Das wollest du uns allen
nach deinem Wohlgefallen,
du unsers Lebens Leben,
zum neuen Jahre geben.“[200]

*

„Von guten Mächten wunderbar geborgen
erwarten wir getrost, was kommen mag.
Gott ist bei uns am Abend und am Morgen
und ganz gewiss an jedem neuen Tag.“[201]

Gott segne euch und behüte euch. Gott lasse sein Angesicht leuchten über euch und sei euch gnädig. Gott erhebe sein Angesicht auf euch und gebe euch Frieden. Amen.

---

[200] Gesangbuch, Nr. 548,1–7, 10, 13 und 15. (Paul Gerhardt.) Im wirklichen Gottesdienst wurde nur ein Teil dieser Strophen gesungen.
[201] Gesangbuch, Nr. 353. (Dietrich Bonhoeffer.)

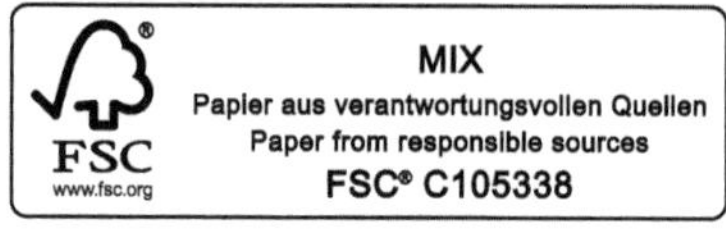

Printed by Books on Demand GmbH, Norderstedt / Germany